칼릴 지브란의 러브레터

누군가에게 어떤 의미가 되어

칼릴 지브란의 러브레터
누군가에게 어떤 의미가 되어

칼릴 지브란 지음 | 송기철 옮김

간디서원

칼릴 지브란의 러브레터
누군가에게 어떤 의미가 되어

인쇄일 | 2006년 12월 15일
발행일 | 2006년 12월 26일

지은이 | 칼릴 지브란
옮긴이 | 송기철

펴낸곳 | 간디서원
펴낸이 | 신배철
등 록 | 제10-2452호
등록일 | 2002년 9월 7일

주 소 | 121-807 서울시 마포구 대흥동 75-2
전 화 | (02)711-3094 팩시밀리 (02)313-2055
이메일 | gandibook@kornet.net
ISBN 89-90854-68-7 03840

※잘못된 책은 바꾸어 드립니다.

차례

칼릴 지브란의 러브레터

사랑하는 이여_11
오, 나의 영혼이_12
가슴속에 한 줄기 욕망을 품고_13
박물관에서_14
대도시에 들어서면_15
당신께 다가가고 싶습니다_16
그의 모습_17
지금 내 안에 있는 모든 것_18
상상을 통해서만_19
하기 어려운 말_20
이제야 깨달았습니다_21
가장 경이로운 것_22
당신께서 무엇이 되시건_23
내가 만일 어떤 이의_24
당신의 사랑은_25
인간은_26
진정한 은자_27

그대와 함께 있을 때_28

삶은 강하고_29

이제, 저를_30

당신은 당신의 마음속에_31

무엇을 사랑할 것인가?_32

이 세계를 발견하고_33

영혼이 아는 것_34

그대가 짊어진_35

혀가 필요치 않은_36

때로는 당신이_37

사람들은 언제나_38

새로운 세계를 보았을 때_39

두 사람이 만날 때_40

스스로에 대한 생각_41

타인들에게서_42

만약 햇빛_43

마음 가는 대로_44

그 깊은 떨림_45

당신은 나에게_46

보여줄 수 있는 사랑은_47

우리는 결코_48

당신과 나 사이의 관계_49

당신이 행복하면_50

그대가 저의 행복_51

당신이 대도시에 살든_52

결혼이란_53

사랑하는 이들에게_54

나무들마다_55

당신은_56

어떠한 인간관계_57

예언자

배가 오다_61

사랑에 대하여_70

결혼에 대하여_75

아이들에 대하여_77

주는 것에 대하여_80

먹고 마시는 것에 대하여_85

일에 대하여_88

기쁨과 슬픔에 대하여_93

집에 대하여_96

옷에 대하여_101

사고파는 것에 대하여_103

죄와 벌에 대하여_106

법에 대하여_114

자유에 대하여_118

이성과 열정에 대하여_123

고통에 대하여_126

자기를 아는 것에 대하여_128

가르치는 것에 대하여_130

우정에 대하여_132

대화에 대하여_136

시간에 대하여_139

선과 악에 대하여_142

기도에 대하여_147

쾌락에 대하여_151

아름다움에 대하여_156

종교에 대하여_161

죽음에 대하여_165

작별_168

칼릴 지브란의 러브레터

"칼릴 지브란의 러브레터"는
칼리 지브란과 그의 30년 지기이자 후원자, 영혼의 동반자였던
메리 E. 해스켈이 주고받았던 편지와 일기에서 발췌, 편집한 것입니다.

사랑하는 이여,
우리 모두에게는
쉴 곳이 필요합니다.
나의 영혼이 쉴 자리는
아름다운 작은 숲.
당신의 삶에 대한
나의 앎이 머무는 곳입니다.

—

1908. 11. 8. 칼릴

오, 나의 영혼이
저 찬란한 빛 속에
잠기게 하소서.
저녁노을을 삼키고
무지개를 마시게 하소서.

―

1908. 11. 8. 칼릴

가슴속에 한 줄기
욕망을 품고
그 욕망을 키워나가
마침내 승화시키는 것이
마음속에 전혀
욕망의 씨앗을 뿌리지 않는 것보다
더 의미 있지 않을까요.

–

1911. 4. 17. 메리

박물관에서
지금 막 돌아오는 길입니다.
아름다운 그 모든 것을
얼마나 당신과 함께 보고 싶었는지.
위대한 작품 앞에
발길을 멈추면
나는 더욱 외로움을 느낍니다.
천상에서조차
그 아름다움을
가슴 벅차게 호흡하기 위하여
사랑하는 동반자는 꼭 필요한 것입니다.

–

1911. 5. 7. 칼릴

대도시에 들어서면
즐거이 이방인이 됩니다.
매일 다른 곳에서 잠들고
매일 다른 것을 먹고
이름 모를 거리들을 거닐며
스쳐 지나가는 낯선 이들을 바라봅니다.
이렇듯 외로운 나그네가 되는 것이
너무 좋습니다.

—

1911. 5. 16. 칼릴

당신께 다가가고 싶었습니다.
병약했던 어린 날,
어머니께서 제 곁에
가까이 다가오셨던 것처럼.
어머니께서 저를 사랑하시고
제 생각 마음에서 떠나실 날 없음을 아는 까닭에
저는 아무런 두려움이 없었습니다.
그리하면 항상
평화가 저의 근심 위로 찾아듭니다.
그분의 존재로부터
저는 제가 목마름으로 바라던 것보다
더욱 시원한 물을 받아 마십니다.
어머니께서 머무르시는 동안
고뇌어린 기억들은
어느새 벅찬 기쁨,
그분의 존재를 더 깊이 느끼는
환희로 향하는 디딤돌이 됩니다.

—

1912. 2. 16. 메리

그의 이런 모습을 좋아하지만
그의 그런 생각은 좋아하지 않아.
우리가 이렇게 무심히 말할 때
우리는 모순에 빠집니다.
그가 보여준 모습과 그의 생각은
하나이기 때문입니다.

–
1912. 6. 2. 메리

지금 내 안에 있는
모든 생명에 대해
깨어 있고 싶습니다.
궁극에 이르기까지
매 순간을
알고 싶습니다.

—

1912. 6. 7. 칼릴

상상을 통해서만
현실을 온전히 볼 수 있습니다.
과거, 현재, 미래가
거기서 만나기 때문입니다.
상상은 명백한 현실에도,
어느 특정 장소에도
제약받지 않습니다.
그것은 어디에나 있습니다.
그것은 중심이며,
모든 원의 떨림이고,
동과 서를 한데 품습니다.
상상은 정신의 자유로운 삶입니다.
그것은 자신이 품은 모든 것을 실현합니다.
상상은 정신을 고양하지 않습니다.
우리는 고양되기를 원치 않으며,
더 완전히 깨어 있고 싶어 합니다.

–

1912. 6. 7. 칼릴

하기 어려운 말을 하는 것.

이것은 한 인간에 대한 일종의 시련입니다.

제가 당신을 시험할 때마다

당신은 늘 기대 이상의 모습을 보여주셨습니다.

바로 그러한 때,

저는 아주 이상한 느낌에 휩싸입니다.

당신과 더불어 있는

어린 시절의 아련한 기억 같은 것.

그 아름다움.

그 찬란한 벌판을 봅니다.

그 벌판에서

당신과 더불어 아이가 됩니다.

―

1912. 6. 11. 메리

이제야 깨달았습니다.
그동안 당신에 대해 품었던
모든 근심은
제 자신의 소심함과 두려움에서
비롯되었음을.

—

1912. 6. 12. 메리

사랑하는 이여,
가장 경이로운 것은
당신과 내가 손잡고
다른 사람들은 알지 못하는
이 낯설고 아름다운 세계를
항상 함께 걸어간다는 사실입니다.
그리고 다른 한 손으로는
우리 각자의 삶을 채워갑니다.
삶은 이만큼 넉넉합니다.

―

1912. 10. 22. 칼릴

당신께서 무엇이 되시건
저는 실망하지 않습니다.
당신이 어떻게 되어야 한다는,
혹은 무엇을 하여야 한다는
편견어린 욕심이 제겐 없습니다.
당신의 모습을
미리 헤아려 보고픈 바람도 없습니다.
그저, 당신 그대로의 모습을 발견할 뿐.
당신이 저를 실망시킬 리 없는 까닭입니다.

_

1912. 11. 23. 메리

내가 만일 어떤 이의 마음속에
새로운 세계를 열어줄 수 있다면
나의 삶은 결코 헛되지 않은 것입니다.
삶 자체는 하나의 사건일 뿐,
즐거움이나 고통,
행복이나 불행을 의미하지는 않습니다.
미워하는 것은 사랑하는 것입니다.
적은 친구와 같습니다.
당신만의 삶을 살아가십시오.
그리하면 당신은 인류의 친구가 될 것입니다.
나는 나날이 거듭납니다.
내 나이 여든이 된다 해도
나는 여전히 변화의 모험을 계속할 것입니다.
과거에 내가 행한 일은
더 이상 나의 관심사가 아닙니다.
그것은 다만 과거일 뿐.
나에게는 껴안을 것들이 너무 많습니다.
이 삶의 한 가운데.

—

1912. 12. 25. 칼릴

당신의 사랑은
자연만큼이나 편안합니다.
제가 따라야 할 어떤 규율도
저에 대해 가리는 그 무엇도
당신에게는 없습니다.
오로지, 있는 그대로의 저와 함께 할 뿐입니다.
자연이 그러하듯.
당신은 진실합니다.
저 또한 그러합니다.
두 진실이 지금
서로를 사랑하고 있습니다.

–

1912. 12. 29. 메리

인간은
위대하지 않고도
자유로울 수 있습니다.
그러나
자유롭지 못하면서
위대할 수는 없습니다.

―

1913. 5. 16. 칼릴

진정한 은자는 황야로 갑니다.
스스로를 잃어버리기 위해서가 아니라
스스로를 찾기 위해서.

—

1913. 10. 8. 칼릴

그대여
그대와 함께 있을 때면
나는 풀잎이 되고 싶습니다.
바람이 부는 대로
누웠다 또 일어나는 풀잎처럼.
그리하여 순간순간
영혼이 내뱉는 진실을
이야기하고 싶습니다.
그대는 아십니까?
내 지금 그리 하고 있음을.

―

1914. 1. 10. 칼릴

삶은 강하고
우리네 인간은 작습니다.
인간과 삶,
그 사이에는
깊은 심연이 가로놓여 있습니다.

–

1914. 4. 5. 칼릴

이제, 저를
당신의 손에 맡깁니다.
당신도
자신이 하는 일을
이해하고 존중하고 사랑해주는
이를 만나면
그 사람의 손에
당신의 전부를 내어 맡기십시오.
그가 당신에게
자유를 주는 까닭입니다.

—

1914. 6. 20. 메리

당신은 당신의 마음에
씨 뿌리고 계십니다.
자신은 아무것도
갖지 않은 채.
그러나 수천 수만의 마음들이
그 씨앗으로부터 피어나
그대에게로 올 것입니다.
앞으로 올 수천 수만 년 동안.

–

1914. 7. 19. 메리

무엇을 사랑할 것인가?
이것이 인간의 근본 문제입니다.
만약 우리가 이에 대해
"무엇이든 사랑하라"고 대답한다면
우리는 결국 깨닫겠지요.
이것이 바로 진실된 영혼들이
서로 사랑하는 방법임을.
서로를 이해해주고 오래 지속하는
다른 사랑은 있을 수 없음을.

—

1915. 2. 2. 메리

이 세계를 발견하고
벌거벗은 그대로 바라보고 싶은
신성한 욕망의 표현.
그것이 삶을 노래하는
시의 영혼입니다.
시인이란 그저
시를 쓰는 사람이 아니라
심장에 생명의 기운이 충만한 사람입니다.

―

1915. 7. 17. 칼릴

영혼이 아는 것을
그 영혼의 주인인 우리는 모르곤 합니다.
우리가 생각하는 것보다
우리 자신은 더 무한합니다.

-

1915. 10. 6. 칼릴

그대가 짊어진
삶의 짐이 무겁고
밤이 적막하다 느껴질 때,
그때가 바로
사랑과 믿음을 위한 시간입니다.
모든 것을 믿고 사랑하게 되면
삶의 무게가 얼마나 가벼워지는지요.
또 밤은 얼마나 감미로운 소리들로 넘쳐나는지요.
―
1916. 12. 19. 칼릴

혀가 필요치 않은
나의 자아는
귀가 필요치 않은
그대의 자아와
이야기를 나누고 있습니다.
우리가 만약
창조적인 이야기를 하고자 한다면
'그대와 나'
이것으로 족합니다.

―

1917. 1. 15. 메리

때로는 당신이
말을 꺼내기도 전에,
나는 이미 당신의
마지막 말을 듣고 있습니다.

―

1917. 7. 28. 칼릴

사람들은 언제나

누군가 나타나기를 갈망합니다.

그들 자신의 최선의 모습을 깨닫게 해주며,

자신의 감추어진 자아를 이해하고 믿어주며,

최선을 다해야 한다는 것을 일깨워주는 누군가를.

우리가 타인에게 그렇게 할 수 있을 때

우리는 뒷걸음을 쳐서도

또 귓전으로 흘려들어서도 안 됩니다.

―

1920. 4. 18. 메리

새로운 세계를 보았을 때

시인은 꿈을 꿉니다.

그리고 시인은

그 세계로부터 돌아와

그의 꿈을 우리에게 들려줍니다.

하지만 시인이 그의 시 속에

화가가 그의 그림 속에

아무것도 담아내지 못할 수도 있습니다.

하지만 우리는 거기에서도

떠올릴 수 있습니다.

그가 꿈속에서 보았던 것을.

시 한 줄을 되읽어 갈 때

시인을 통해

꿈은 다시 태어납니다.

새로운 생명으로.

-

1920. 9. 7. 메리

두 사람이 만날 때는
물가에 나란히 핀 백합과 같아야 합니다.
봉오리를 오므리지 않은 채
금빛 수술을 온통 드러내 보여주는
호수를, 나무를, 하늘을 비추는
두 송이 백합처럼.
닫힌 마음들이 너무나 많습니다.
내가 당신에게 다가갔을 때
우리는 몇 시간이나 이야기를 나누었습니다.
당신의 시간을
그토록 오래 차지하려면
무엇보다도
나는 당신을 향해 열려 있어야 합니다.
그리고 당신에게
드리는 것이 거짓 없는
 '나 자신'이 아니면 안 됩니다.

—

1920. 9. 10. 메리

스스로에 대해 생각하는 것은
두려운 일입니다.
그러나
그것은 단 하나 정직한 일.
있는 그대로의 저 자신을 생각하는 것,
저의 추한 모습,
저의 아름다운 모습,
그리고 거기서 문득 느끼는 경이로움.
이보다 더 견고한
출발점을 저는 알지 못합니다.
저 자신에게서 말미암지 않고
어떻게 앞으로 나아갈 수 있을까요?
–
1920. 9. 10. 메리

타인들에게서 가장 좋은 점을 찾아내어
그 사람에게 이야기해주십시오.
우리들은 누구에게나 그것이 필요합니다.
우리는 타인의 칭찬 속에 자라왔습니다.
그리고 그것은 우리를 더욱 겸손하게 만들었습니다.
그런 칭찬들로 인하여,
사람들은 더욱 칭찬받는 사람이 되기 위해
노력하는 것입니다.
진실한 의식을 갖춘 영혼은
자신보다 훨씬 뛰어난 그 무엇을
발견해낼 줄 압니다.
칭찬이란 이해입니다.
근본적으로 우리는 누구나 위대하고 훌륭합니다.
우리가 누군가를 아무리 칭찬한다 해도
그것에는 지나침이 없습니다.
타인들 속에 있는 위대함과 아름다움을
발견하는 눈을 기르십시오.
그리고 그것을 찾는 대로
그 사람에게 이야기해줄 수 있는 힘을 기르십시오.

–

1922. 1. 14. 메리

만약 햇빛과
따스한 온기를
얻고자 한다면
천둥과 번개도
받아들여야 합니다.

—

1922. 3. 12. 칼릴

마음 가는 대로 따르십시오.
모든 중요한 일에서
마음만이 올바른 길잡이입니다.
물론, 우리의 마음에는 한계가 있습니다.
그러나 우리가 하고자 하는 것은
우리들 마음속에 있는
어떤 신성한 힘이 결정하신 것입니다.

–

1922. 3. 12. 칼릴

그 깊은 떨림,

그 벅찬 깨달음,

그토록 익숙하고 그토록 가까운 느낌.

그대를 처음 본 순간 시작되었습니다.

지금도 그날의 떨림은 여전합니다.

단지, 천 배나 더 깊고 애틋해졌을 뿐.

그대를 영원히 사랑하겠습니다.

이 육신을 타고나서 그대를 만나기 전부터

그대를 사랑했었나 봅니다.

그대를 처음 본 순간 그것을 알았습니다.

이것이 운명이겠죠.

우리 둘은 이처럼 하나이며,

그 무엇도

우리를 갈라놓을 수 없습니다.

—

1922. 3. 12. 칼릴

당신은 나에게
늘 힘이 되어주십니다.
나 또한 당신에게
도움이 되고자 노력해왔습니다.
당신과 나의
이러한 관계에 대해
하늘에 감사드립니다.

-

1922. 3. 12. 칼릴

보여줄 수 있는 사랑은
아주 작습니다.
그 뒤에 숨어 있는
보이지 않는
위대함에 견주어보면.

–
1922. 4. 28. 칼릴

우리는 결코
외따로 떨어진 개인이 아니라
대지와 생명의 표현입니다.
우리는 우리가 서로 떨어져 있는 모습을
볼 수 없을 만큼
대지로부터 멀리 벗어날 수 없습니다.
우리는 우주의 거대한 운동을 따라 움직입니다.
우리의 성장도
우주의 거대한 성장의 일부입니다.

–

1922. 5. 5. 칼릴

당신과 나 사이의 관계는
내 인생에서
가장 아름다운 것입니다.
내가 아는 모든 삶 중에서도
가장 경이로운 것입니다.
그것은 영원합니다.

—

1922. 9. 11. 칼릴

당신이 행복하면
나 또한 행복합니다.
당신에게 행복은
자유의 한 형태입니다.
내가 아는 모든 이 중에서
당신은 가장 자유로운 사람입니다.
분명 이 행복과 자유는
당신 스스로 얻어낸 것입니다.
삶이 당신에게 늘 친절하고 달콤하진 않았겠지요.
그러나 당신은 삶에 대해 항상 다정하고 친절했지요.

–

1923. 1. 24. 칼릴

그대가 저의 행복을 염려하듯
저도 그대의 행복을 염려합니다.
그대가 행복하지 않다면
저에게 평화란 있을 수 없습니다.

–

1923. 5. 27. 칼릴

당신이 대도시에 살든
작은 시골마을에 살든
무슨 차이가 있겠습니까?
진실한 삶은
그 안에 있을 뿐입니다.

–

1923. 5. 27. 칼릴

결혼이란
사랑하는 이의 권리를
가져오는 것이 아닙니다.
그가 내어준 권리 외에는.
사랑하는 이의 자유를
뺏는 것도 아닙니다.
그가 내어준 자유 외에는.

−

1923. 5. 27. 칼릴

사랑하는 이들에게
결혼이란
서로에 대한 참된 우정입니다.
서로의 관심을
소중히 보살피며
나누어 가지는 것
다투면서도
서로의 꿈과 생각을
이해하는 힘
바로 그것입니다.

–

1923. 5. 27. 칼릴

나무들마다 봉오리가 트고
새들이 노래합니다.
풀잎은 이슬을 흠뻑 머금고
온 세상이 환히 빛납니다.
갑자기 나는
나무가 되고
꽃이 되고
새가 되고
풀잎이 됩니다.
그 어디에도
나는 없습니다.

–
1924. 3. 23. 칼릴

당신은
내가 이야기하는 것보다
훨씬 많은 것을 듣습니다.
당신은
내 마음의 소리에
귀 기울입니다.
나의 말로는
이끌 수 없는 곳으로
당신은 함께 갑니다.

―

1924. 6. 5. 칼릴

어떠한 인간관계에서도
상대를 완전히
소유할 수는 없습니다.
두 영혼이
전혀 다른 까닭입니다.
사랑이나 우정에서
두 사람이 서로를 향해
손 내미는 건
혼자서는 다다를 수 없는 무언가를
찾으려 함입니다.
_
1924. 6. 8. 칼릴

예언자

배가 오다

알 무스타파, 선택받은 자이며 사랑받은 자, 시대의 여명이었던 그는, 자신이 태어난 섬으로 다시 데려다 줄 배를 기다리며 오팔리제 시에서 12년 동안 머물고 있었다.

그리고 12년 만인 추수의 달 이엘룰의 일곱 번째 날에, 그는 성 밖 언덕에 올라 바다를 바라보다가, 마침내 배가 안개에 싸여 다가오는 것을 보았다.

그러자 그의 마음의 문은 활짝 열렸고, 그의 기쁨은 바다 저 너머로 날았다. 그는 눈을 감고 영혼의 침묵 속에서 기도드렸다.

그러나 언덕을 내려오자 불현듯 슬픔이 밀려왔고, 그는 마음속으로 생각했다.

내 어찌 슬픔도 없이 평안히 떠날 수 있으랴.

내 어찌 영혼의 상처 하나 없이

이 도시를 떠날 수 있으랴.

내가 이 도시에서 보낸 고통의 날은 얼마나 길었고

외로움의 밤은 또 얼마나 길었던가.
그 누가 자신의 고통이나 외로움에서
후회 없이 떠날 수 있으랴.
이 거리 구석구석 흩어져 있는
내 영혼의 수많은 조각들,
이 언덕들 사이사이를 맨발로 거닐고 있는
내 동경의 수많은 아이들,
내 어찌 아무런 아픔과 부담 없이
이들을 떠날 수 있으랴.
내가 오늘 벗어버리는 것은 옷이 아니라
내 손으로 찢어낸 살갗이다.
내가 남겨두고 떠나는 것은 생각이 아니라
갈증과 허기로 부드러워진 내 심장이다.

그러나 이제 더 머무를 수 없다.
모든 것을 자기 품으로 부르는
저 바다가 나를 부르니,
나는 배를 타고 떠나야 하리라.
비록 시간이 밤새도록 타오른다 해도

머무름이란 얼어붙음이요, 굳어버림이요,
틀에 갇히는 것.
마음이야 이 모든 것을 기꺼이 데려가고 싶지만
내 어찌 그럴 수 있으랴.
목소리도 자신에게 날개를 달아주는
입술과 혀까지 데려갈 수는 없는 법,
다만 홀로 창공을 날아야 할지니.
저 둥지도 없이 태양을 가로질러 나르는
한 마리 독수리처럼.

 언덕 기슭에 이르자, 그는 다시 바다를 향해 돌아서서 배가 항구로 다가오는 것을 보았다. 뱃머리에는 고향사람들인 선원들이 서 있었다. 그러자 그의 영혼은 그들을 향해 소리쳐 말했다.

내 오랜 어머니의 아들들이여,
그대들 파도 물결을 타고 온 자들이여.
내 꿈속에서 그대들은 얼마나 자주 항해했던가.
이제 그대들이 내가 깨어 있을 때 왔으니
이는 더 깊은 꿈인가.

자, 나는 이제 떠날 준비가 되었고
내 항해의 열망은 완전히 돛을 펴고
바람을 기다리노라.
오직 한 번 더 이 고요한 대기를 들이마시고,
한 번 더 뒤돌아 사랑의 눈길을 보내야 할 뿐.
그러고 나면 나는 항해자 중의 항해자인
그대들 가운데 서리라.

그대 광활한 바다, 잠들지 않는 어머니여.
모든 강과 시내의 유일한 안식처이자 자유여.
오직 한 번 더 이 시내가 굽이쳐
한 번 더 이 숲속 빈터가 속삭이면
나 그대에게 가리라.
한없는 대양 속 한 방울로.

그는 걸음을 옮기다가 저 멀리서 사내와 아낙들이 그들이 일하던 들과 포도밭에서 나와 성문 쪽으로 서둘러 가는 것을 보았다. 그리고 그들이 들에서 들로 자신의 이름을 외쳐 부르며, 배가 오고 있음을 알리는 것을 들었다.

그는 스스로에게 말했다.

이별의 날이 만남의 날이 되는가?
나의 밤이 실은 나의 새벽이었단 말인가?
저 밭이랑에 쟁기를 던져두고
포도 짜는 바퀴를 멈춰두고 오는 이들에게
나는 무엇을 줄 수 있을까?
내 마음이 주렁주렁 열매 늘어진 나무가 되어
그들에게 나의 열매를 따줄 수 있을까?
나의 갈망이 샘처럼 솟아나
그들의 잔을 가득 채울 수 있을까?
내가 신의 손이 퉁기는 하프,
그분의 숨결이 지나가는 플루트일까?
나는 지금껏 침묵을 추구하지 않았던가.
침묵 속에서 나는
자신할 그 어떤 보물을 찾아냈던가?
만일 오늘이 내 수확의 날이라면
나는 어느 들판,
기억 못하는 어느 계절에 씨앗을 뿌렸던 것일까?
바로 지금이 내가 등불을 치켜들 시간이라 해도
거기 타오를 것은 내 불꽃은 아니다.

텅 빈 어둠 속에서 내가 등불을 들어 올리면
밤의 파수꾼이 기름을 채우고 빛을 밝혀 주리라.

이렇게 그는 말했으나, 그의 가슴속에는 아직 못 다한 말들이 많이 남아 있었다. 그 자신도 마음속 깊은 비밀은 말할 수 없었기 때문이다.
그가 도시로 들어가자 모든 사람들이 그를 만나러 와서는 한 목소리로 외쳐댔다. 도시의 연장자들이 앞으로 나서며 말했다.

아직은 우리를 떠나지 마소서.
그대는 우리가 황혼에 있을 때 한낮의 빛이었고,
그대의 젊음은 우리에게 꿈을 주었나니.
우리에게 그대는 낯선 이도, 손님도 아니요
우리의 아들이며, 우리가 가장 사랑하는 분입니다.
우리의 눈이 그대의 얼굴을 그리워하여
슬픔에 젖게 하지 마소서.

그러자 남녀 사제들도 그에게 말했다.

바다 물결이 우리를 지금 헤어지게 하지 마소서.

그대가 우리와 함께 보낸 날들이

추억이 되게 하지 마소서.

그대는 우리 속을 거니는 영혼이요,

그대의 그림자는 우리 얼굴에 비치는 빛이었습니다.

우리가 그대를 얼마나 사랑했던지….

그러나 그 사랑은 말할 수 없었고

베일에 가려 있었습니다.

하지만 이제는 우리의 사랑을

그대에게 소리 높여 외치며

그대 앞에 드러내 보이리다.

사랑은 언제나 이별의 시간이 오기까지는

그 깊이를 모르는 것인가 봅니다.

그러자 다른 사람들도 나서서 그에게 떠나지 말아달라고 간청했다. 그러나 그는 고개를 숙이고 있을 뿐 대답하지 않았다. 그러나 그의 곁에 서 있던 사람들은 그의 눈물이 떨어져 가슴을 적시는 것을 보았다.

그와 사람들은 사원 앞의 커다란 광장으로 갔다. 신전에서 알미트라라는 한 여인이 나왔다. 그녀는 여자 예언자였다. 그는 부드러운 눈길로 그녀를 바라보았다. 그를 맨 처음 찾아와 믿은 것은 바로 그녀였다. 그가 이 도시에 온 지 하루밖에 안 됐을 때였다.

그녀가 그를 맞으며 말했다.

궁극의 진리를 추구하는 신의 예언자시여,
그대는 오랫동안 그대의 배를 찾아 헤매었나이다.
이제 그대의 배가 왔으니 그대는 가야만 하리다.
그대의 기억의 나라,
그대의 거대한 갈망이 사는 그곳에 대한
그대의 그리움이 그리도 깊으니,
우리의 사랑으로도 그대를 붙잡지 못하며,
우리의 필요로도 그대를 잡지 못하리다.
하지만 청컨대 우리를 떠나기 전
그대의 진리를 우리에게 말씀해주소서.
그러면 우리는 그것을 우리 아이들에게 전하고
그 아이들은 다시 그들의 아이들에게 전하여
영원히 사라지지 않게 하리다.
그대는 고독 속에서 우리의 낮들을 지켜보셨고,
깨어 있음으로써

우리 잠 속의 눈물과 웃음에 귀 기울였나이다.
이제 우리를 숨김없이 드러내 보여주시고
태어남과 죽음 사이에서
그대가 본 모든 것을
우리에게 말씀해주소서.

그러자 그가 대답했다.

오팔리제 사람들이여.
내 무엇을 말할 수 있겠습니까.
지금 그대들의 영혼을 움직이는 그것 이외에.

사랑에 대하여

 그러자 알미트라가 말했다. "저희에게 사랑에 대하여 말씀해 주소서." 그가 고개를 들어 사람들을 바라보았을 때 사람들 사이에서는 침묵이 흘렀다. 힘찬 목소리로 그가 대답하여 말했다.

사랑이 그대를 부르거든 따르십시오.
그 길이 아무리 험하고 힘들지라도.
사랑의 날개가 그대를 감싸거든 내맡기십시오.
그 날개 깃 속에 감추어진 칼이
그대를 상처 입힐지라도.
사랑이 그대에게 말하면 믿으십시오.
북풍이 정원을 폐허로 만들듯
사랑의 목소리가 그대의 꿈을
산산이 흩어버릴지라도.

사랑은 그대에게 왕관을 씌우기도 하고
그대를 십자가에 못 박기도 합니다.
사랑은 그대를 성숙시키는 만큼, 아프게도 합니다.
사랑은 그대의 머리 위로 올라가
햇볕에 떨고 있는
그대의 가장 여린 가지를 어루만지다가도,
어느 새 그대의 발끝까지 내려가
그대가 대지와 얽혀 있는 뿌리를
송두리째 흔들기도 합니다.

사랑은 그대를 볏단처럼 거두어들입니다.
사랑은 그대를 두드려 벌거벗게 합니다.
사랑은 그대를 체로 쳐
쓸모없는 껍질을 털어버립니다.
사랑은 그대를 갈아 순결하게 합니다.
사랑은 그대가 부드러워질 때까지 반죽합니다.
사랑은 그대를 성스러운 불에 구어
신의 성찬에 올릴 성스러운 빵이 되게 합니다.

사랑은 이 모든 것을 그대에게 행하여
그대 마음속 비밀을 깨닫게 하고,
그 깨달음이 삶의 소중한 일부가 되게 합니다.
그러나 만일 그대가 두려움에 사로잡혀
오직 사랑의 평안과 즐거움만을 구하려 한다면,
어서 그대의 알몸을 가리고
이 사랑의 추수마당에서 나가십시오.
웃어도 웃음이 없고,
울어도 눈물이 없는
계절도 없는 세상으로 가버리십시오.

사랑은 사랑 외에는 아무것도 주지 않으며
사랑 외에는 아무것도 받지 않습니다.
사랑은 소유하지도 소유당하지도 않습니다.
사랑은 오직 사랑으로 충분합니다.

그대가 사랑할 때
'신이 내 마음속에 계신다'고 말하지 말고,
'내가 신의 마음속에 있다'고 말하십시오.

그대가 사랑의 길을
가리킬 수 있다고 생각하지 마십시오.
그대가 정녕 사랑의 자격이 있다면
사랑이 그대에게 길을 가리켜줄 것입니다.

사랑은 스스로를 채우는 것 외에
다른 욕망이 없습니다.
그대가 사랑하면서도
혹 바라는 것이 있을 수밖에 없다면
이러한 것들이 그대의 욕망이 되게 하십시오.

하염없이 녹아내려
밤을 향해 노래하며 흘러가는
시냇물처럼 되게 하소서.
넘치는 자비로 인한 고통을 알게 하소서.
홀로 깨달은 사랑으로 인해 상처받고
그리하여 기꺼이 즐겁게 피 흘리게 하소서.
홀가분한 마음으로 새벽에 일어나
사랑의 또 하루를 감사하게 하소서.

한낮의 휴식 때 사랑의 황홀함을 명상하게 하소서.
해질 무렵에는 감사하는 마음으로
집에 돌아오게 하소서.
그리고 마음속 사랑하는 이들을 위해 기도하고,
찬미의 노래를 부르며 잠들게 하소서.

결혼에 대하여

   그러자 알미트라가 다시 말했다. "스승이시여, 결혼에 대하여 말씀해주십시오." 그리고 그가 대답하여 말했다.

  그대들은 함께 태어났으며,
  영원히 함께 할 것입니다.
  죽음의 흰 날개가 그대들의 삶을 흩어놓을 때에도
  그대들은 함께 할 것입니다.
  신의 침묵의 기억 속에서도
  그대들은 영원히 함께 할 것입니다.

  그러나 함께 하되 거리를 두십시오.
  그리하여 하늘의 바람이
  그대들 사이에서 춤추게 하십시오.

서로 사랑하되 사랑으로 구속하지는 마십시오.
그대들 영혼의 해변 사이에서
출렁이는 바다가 되십시오.
서로의 잔을 채워주되 한쪽 잔만 마시진 마십시오.
서로 자신의 빵을 주되 한쪽 빵만 먹진 마십시오.
함께 노래하고 춤추며 즐기되 각자 홀로 있으십시오.
비록 같은 음악을 울릴지라도
류트의 줄들이 따로 존재하듯이.
마음을 주되 상대를 마음속에 묶어 두지는 마십시오.
오직 생명의 손만이
그대들의 마음을 가질 수 있습니다.
함께 서되 너무 가까이 서지는 마십시오.
사원의 기둥들이 적당한 거리를 두고 서 있듯이.
참나무와 사이프러스도
서로의 그늘 속에서는 자랄 수 없습니다.

아이들에 대하여

그러자 아기를 품에 안은 한 여인이 말했다. "저희에게 아이들에 대하여 말씀해주소서." 그리고 그가 대답하여 말했다.

그대의 아이는
그대의 아이가 아닙니다.
그들은 스스로를 열망하는
생명의 아들이요 딸입니다.
그들은 그대를 통해 태어났지만
그대로부터 온 것은 아닙니다.
그들이 그대와 함께 있을지라도,
그대에게 속한 것은 아닙니다.

그대는 아이들에게

그대의 사랑을 줄 수는 있으나

그대의 생각까지 줄 수는 없습니다.

그들에게는 자기만의 생각이 있는 까닭입니다.

그대는 아이들에게

육신이 거처할 집은 줄 수 있으나

영혼의 집까지 줄 수는 없습니다.

그들의 영혼은

그대가 꿈에서라도 가볼 수 없는

내일의 집에 사는 까닭입니다.

그대가 아이들처럼 되려 애쓰는 것은 좋으나,

그들을 그대처럼 만들려 하지는 마십시오.

생명이란 거꾸로 흐르지도

어제에 머무르지도 않는 까닭입니다.

그대는 활이요,

그대의 아이들은 그대로부터 쏘아져 나아가는

살아 있는 화살입니다.

사수이신 신께서는

무한히 뻗은 길 위의 한 표적을 겨누시고,

그분의 온 힘으로 그대를 구부리시는 것입니다.
그분의 화살이 빨리, 멀리 나아가도록.
사수이신 신의 손길로
그대가 구부러짐을 기뻐하십시오.
그분은 날아가는 화살을 사랑하시는 만큼,
굳센 활 또한 사랑하시므로.

주는 것에 대하여

그러자 한 부자가 말했다. "저희에게 주는 것에 대하여 말씀해 주소서." 그리고 그가 대답하여 말했다.

그대가 가진 것을 주는 것은 주는 것이 아닙니다.
진실로 주는 것은 그대 자신을 줄 때입니다.
그대가 가진 것이란
내일 필요하리란 두려움에
간직하고 지키는 것에 지나지 않습니다.
성지로 가는 순례자를 따르며
자취도 없는 모래 속에 뼈다귀를 묻어두는
조심성 많은 개에게
내일이 대체 무엇을 가져다줄까요?
정말 필요한 것 외의

필요하리란 두려움은 또 뭔가요?
그대의 우물이 가득 차 있을 때도 목마름,
참을 수 없는 목마름을 두려워할까요?

가진 것은 많으나
베푸는 데는 인색한 사람들이 있습니다.
그들은 줄 때에도 남이 알아주기를 은근히 바랍니다.
이러한 욕심이 그 베풂을
부정한 것으로 만들어버립니다.
가진 것은 얼마 안 되나
그 모든 것을 주는 사람들이 있습니다.
그들은 삶을 믿고 삶의 관대함을 믿으니
그들의 금고는 결코 비지 않습니다.

기꺼이 주는 자들이 있으니
기쁨이 그들의 보상이며,
고통스레 주는 자들이 있으니
고통이 곧 그들의 세례입니다.

그리고 주면서 고통도 모르고,
기쁨을 구하지도 않으며,
덕을 베푼다는 생각도 않는 사람들이 있으니,
그들은 마치 향기를 내뿜는
저 계곡의 상록수와 같습니다.
이런 사람들의 손을 통해
신은 말씀하시고
이런 사람들의 눈을 통해
신은 대지를 향해 미소 짓는 것입니다.

부탁을 받고 주는 것은 좋은 일입니다.
그러나 부탁받기 전에
알아서 주는 것은 더 좋은 일입니다.
그러므로 자비로운 이에게는 주는 것보다
받을 만한 사람을 찾는 일이 더 큰 기쁨입니다.
그대는 무얼 움켜쥐고 있습니까?
그대가 가진 모든 것은 언젠가 주어야 합니다.
그러니 지금 주십시오.
주는 때가 그대의 것이 되게 하고

그대 상속자의 것이 되게 하지 마십시오.

그대는 말합니다.
"나는 주되 그럴 가치가 있는 곳에만 주리라."
그대 과수원의 나무들은 그렇게 말하지 않으며,
그대 목장의 양떼들도 그렇게 말하지 않습니다.
그들은 살기 위해 줍니다.
주지 않고 움켜쥐는 것은 멸망의 길이기 때문입니다.
진실로 낮과 밤을 맞이할 가치가 있는 사람은
그대에게서 다른 모든 것도 받을 가치가 있습니다.
생명의 바다에서 무언가를 받아 마실
자격이 있는 사람이라면
그대 작은 개울에서도
자신의 잔을 채울 자격이 있습니다.

용기와 확신, 아니 자비로 받는 것,
이보다 더 큰 보상이 무엇이 있겠습니까?
사람들의 가슴을 찢고 자존심을 벗겨서

그들의 벌거벗은 값어치와
그들의 부끄러움 없는 자존심을 보려는 그대는
대체 누구입니까?
먼저 그대 자신이 주는 사람,
주는 도구가 될 자격이 있는지 살펴보십시오.
진실로 삶에 무언가 주는 것은 삶 자신입니다.
주는 자라 여기는 그대는 한낱 증인일 뿐입니다.

그리고 그대 받는 자여,
그대 자신과 주는 이에게 멍에가 되지 않도록
그들의 은혜를 저울질하지 마십시오.
그들의 선물을 날개 삼아
그들과 함께 날아오르십시오.
그대의 빚에 지나치게 신경 쓰는 것은
아낌없이 베푸는 대지를 어머니로,
신을 아버지로 둔
그들의 너그러움을 의심하는 것입니다.

먹고 마시는 것에 대하여

그러자 이번에는 늙은 여관주인이 말했다. "저희에게 먹고 마시는 것에 대하여 말씀해주소서." 그리고 그가 대답하여 말했다.

햇빛만으로 살아가는 식물들처럼
그대가 대지의 향기만으로 살 수 있다면
얼마나 좋을까요.
그러나 그대는 먹기 위해 죽여야 하고,
갈증을 가라앉히기 위해
어미의 젖을 빼앗아야 합니다.
그러므로 이것이 경건한 행위가 되게 하십시오.
그대들의 식탁을
숲과 들의 순수하고 순결한 것들의
제단이 되게 하고,

더 순수하고 순결한 것을 위해 희생되게 하십시오.

그대가 짐승을 죽일 때는 마음속으로 말하십시오.
'너희들을 죽이는 그 힘이 나 또한 죽게 할 것이며,
나 역시 먹힘을 당하리라.
너희를 내 수중으로 이끈 그 법칙이
나 또한 더 힘센 손에게로 인도하리라.
너희 피와 내 피는
하늘의 나무를 키우는 수액에 불과하니라.'

그대 이로 사과를 깨물 때는 마음속으로 말하십시오.
'네 씨앗은 내 몸에 살아 있을 것이며,
네 내일의 싹은 내 마음속에서 피어나리라.
너의 향기는 나의 숨결이 되어
우리 함께 온 계절을 즐거이 누리리라.'

그리고 가을날, 그대가 포도주를 만들기 위해
포도밭에서 포도를 따 모을 때는

마음속으로 이렇게 말하십시오.
'나 또한 포도밭과 같으니,
내 열매 또한 포도주를 만들기 위해 거두어지리라.
그리고 새 포도주처럼 영원의 그릇에 담겨지리라.'

그리고 겨울이 되어 그 포도주를 따를 때면
그 잔 하나하나의 노래가
그대 마음속에 머물게 하십시오.
그리하여 그 노래 속에
가을날과, 포도밭과,
포도주를 만들던 기억이 깃들게 하십시오.

일에 대하여

그러자 농부가 말했다. "저희에게 일에 대하여 말씀해주소서." 그리고 그가 대답하여 말했다.

그대는 대지와 대지의 영혼에
발맞추기 위해 일합니다.
게으르다는 것은 계절의 이방인이 되는 것이며,
장엄하고 자랑스럽게 무한에 복종해 나아가는
생명의 행진에서 벗어나는 것입니다.
일할 때 그대는 플루트가 되고
그 안으로 흐르는 시간의 속삭임은 음악이 됩니다.
그대 중 누가 모든 것이 한데 어울려 노래할 때
말 못하는 벙어리 갈대이고 싶겠습니까?

그대는 줄곧 들었습니다.
일은 저주이고 노동은 불행이라고.
그러나 나는 그대에게 말합니다.
일할 때 그대는 대지의 장엄한 꿈 가운데
처음부터 그대 몫이었던 일부를 이룬다고.
그리고 노동으로 살아감으로써
그대는 진실로 삶을 사랑하게 되고,
노동을 통해 삶을 사랑함으로써
생명의 가장 깊은 비밀에 다가가게 된다고.

만일 그대가 삶의 괴로움으로 인하여
이 세상에 태어남을 고통이라 여기고,
육신으로 살아감을 이마에 찍힌 저주라 한다면
나는 그대에게 대답하겠습니다.
오직 그대 이마에 흐르는 땀방울만이
그 저주를 씻어줄 수 있다고.
그대는 또한 삶은 암흑이라고 들었습니다.
그리고 피로 속에서 그대 또한
지친 자들의 그 말을 되풀이합니다.

그러나 나는 말합니다.
충동이 없다면 삶은 정말 암흑이라고.
지혜가 없는 충동은 맹목이고,
노동이 없는 지혜는 헛되고,
사랑이 없는 노동은 공허하다고.
사랑으로 일할 때
그대는 자기 자신과 타인,
그리고 신과
하나 될 수 있습니다.

사랑으로 일한다는 것은 어떤 것일까요?
그것은 그대 마음에서 뽑아낸 실로
옷을 짜는 것입니다.
사랑하는 사람이 그 옷을 입을 것처럼.
그것은 애정으로 집을 짓는 것입니다.
사랑하는 사람이 그 집에 살 것처럼.
그것은 정성껏 씨를 뿌리고
기쁨으로 추수하는 것입니다.
사랑하는 사람이 그 열매를 먹을 것처럼.

그것은 그대가 만든 모든 것에
그대 자신의 영혼의 숨결을 불어넣는 것입니다.
그리하여 모든 축복받은 죽은 자들이
그대의 주위에 서서
지켜보고 있음을 깨닫는 것입니다.

종종 나는 그대가 잠꼬대처럼 하는 말을 듣습니다.
"대리석을 쪼며
거기서 영혼의 모습을 발견하는 이가
땅을 일구는 이보다 고귀하고,
무지개를 붙들어 인간의 형상을 화폭에 담는 이가
신발을 만드는 이보다 고귀해."
그러나 나는 잠 속에서가 아니라
한낮의 맑은 정신으로 말합니다.
바람은 커다란 참나무라고 해서
하찮은 풀잎에게 하는 것보다
더 다정하게 속삭이지 않으며,
자신의 사랑으로 그런 바람소리를
더 감미로운 노래로 바꾸는 자만이 위대하다고.

일이란 눈으로 볼 수 있는 사랑입니다.
만일 그대가 사랑으로 일하지 않고,
싫어하면서도 마지못해 일한다면,
차라리 그 일을 그만두고
사원의 문 앞에 앉아
기쁨으로 일하는 사람들에게
구걸을 하는 것이 낫습니다.
만일 그대가 무관심으로 빵을 굽는다면
사람들의 굶주림을 반도 채우지 못할
쓴 빵만을 구울 것입니다.
만일 그대가 원한을 품고 포도를 으깬다면,
그 원한은 포도주 속에 독을 퍼뜨릴 것입니다.
만일 그대가 천사처럼 노래한다 해도
노래하는 것을 사랑하지 않는다면
밤낮 없는 소음으로
사람들의 귀를 멀게 할 뿐입니다.

기쁨과 슬픔에 대하여

그러자 한 여인이 말했다. "우리에게 기쁨과 슬픔에 대하여 말씀해주소서." 그리고 그가 대답하여 말했다.

그대의 기쁨은 가면을 벗은 그대의 슬픔입니다.
그대의 웃음이 솟는 바로 그 샘이
때로는 그대의 눈물로 채워지니,
어찌 그 둘이 다른 것일 수 있겠습니까?

슬픔이 그대의 존재 속으로 깊이 파고들수록
그대의 기쁨 또한 커집니다.
그대의 포도주 잔은
도공의 가마에서 구워진 바로 그 잔이 아닙니까?,
그대의 영혼을 달래는 류트는

칼로 속을 파낸 바로 그 나무가 아닙니까?

그대 기쁠 때
마음속 깊은 곳을 들여다보십시오.
그러면 알게 될 것입니다.
그대에게 기쁨을 주는 바로 그것이
그대에게 슬픔을 주었음을.
그대 슬플 때도
마음속 깊은 곳을 들여다보십시오.
그러면 알게 될 것입니다.
그대에게 기쁨을 주었던
바로 그것 때문에 울고 있음을.

어떤 사람들은 말합니다.
"기쁨이 슬픔보다 위대해."
다른 사람들은 말합니다.
"아니, 슬픔이 기쁨보다 위대해."
그러나 나는 말합니다.
그 둘은 서로 나눌 수 없다고.

그들은 언제나 함께 온다고.
그러므로 하나가 그대의 식탁에 혼자 앉아 있다면,
다른 하나가 그대의 침대에 잠들어 있음을
기억하십시오.

그대는 슬픔과 기쁨 사이에
저울처럼 매달려 있습니다.
오직 그대가 텅 비었을 때에만
그대는 멈추어 균형을 이룹니다.
하늘의 보물지기가
자신의 금과 은을 달고자 그대를 들어 올릴 때
그대의 기쁨과 슬픔 또한
오르내리는 것은 어쩔 수 없습니다.

집에 대하여

그러자 벽돌공이 나서며 말했다. "우리에게 집에 대하여 말씀해주십시오." 그리고 그가 대답하여 말했다.

성 안에 집을 짓기 전에
광야에 상상의 소박한 집을 지으십시오.
해가 지면 집으로 돌아오듯이
멀리, 외로이 떠돌던 그대 속 방랑자도
돌아올 수 있도록.

그대의 집은 그대의 큰 몸입니다.
그것은 햇빛 속에서 자라고
밤의 고요 속에서 잠들며
꿈도 꿉니다.

그대의 집은 꿈꾸지 않습니까?
꿈꾸며, 도시를 떠나
숲이나 언덕으로 가지 않습니까?
내가 그대들의 집을 내 손으로 거두어
씨 뿌리는 사람처럼 숲과 초원에 뿌릴 수 있다면.
그리하여 골짜기가 그대의 거리가 되고,
녹음 우거진 길들이 그대의 오솔길이 되어
그대가 포도밭 사이로 서로를 찾아다니며
옷깃에 대지의 향기를 품어올 수 있다면.
하지만 이런 일들은 일찍이 일어나지 않았습니다.
그대의 조상들은 두려움 때문에
그대들을 너무 가까이 모아놓았습니다.
그리고 그 두려움은 좀더 오래 지속될 것입니다.
그대들 도시의 성벽은
들로부터 그대들의 집을
좀더 오래 떼어놓을 것입니다.

오팔리제 사람들이여,
이 집들 안에 그대들은 무엇을 가지고 있습니까?

문을 굳게 걸어 잠그고
그대가 지키는 것은 무엇입니까?
그대에겐 평화가 있습니까?
그대의 힘을 드러낼 말 없는 충동인 평화가.
그대는 기억하고 있습니까?
마음과 마음을 이어줄 저 반짝이는 빛의 아치를.
그대는 아름다움을 지니고 있습니까?
그대의 마음을 나무와 돌로 만들어진 것으로부터
성스러운 산으로 이끌어가는 그런 아름다움을.
그대의 집 안에 이런 것들을 가지고 있습니까?
아니면 오직 안락,
안락의 욕망만을 갖고 있습니까?
손님으로 찾아와서는 주인노릇을 하고
마침내 정복자가 되어 빼앗는 안락만을.

안락은 길들이는 자가 되어,
갈고리와 채찍으로
그대를 더 큰 욕망의 꼭두각시가 되게 합니다.
비록 안락의 손길이 비단결 같을지라도

그 마음은 쇠로 되어 있습니다.
그것은 그대 침대 곁에 서서
오직 그대를 잠재우기 위해 토닥거립니다.
그러면서 육체의 존엄을 비웃는 것입니다.
그것은 그대의 신선한 감각을 희롱하고,
깨지기 쉬운 그릇처럼
엉겅퀴 가시 속에 던져버립니다.
진정 안락의 욕망은
그대 영혼의 열정을 죽이는 것이며,
고통스럽게 웃으며
장례식장을 향해 서서히 걸어가는 것입니다.

그러나 우주의 아이들인 그대,
안락 속에서도 잠들지 못하는 그대여,
그대는 안락의 덫에 걸리지도
길들여지지도 마십시오.
그대의 집이 안락을 누리는 곳이 아니라
그대 영혼을 지키는 기둥이 되게 하십시오.
상처를 덮는 반짝이는 피막이 아니라

눈을 보호하는 눈꺼풀이 되게 하십시오.
문을 지나가려고 그대의 날개를 접지 말고,
천장에 부딪히지 않으려고 고개를 숙이지도 말고,
벽이 무너지지 않을까
숨 쉬는 것을 두려워하지 마십시오.
죽은 자가 산 자를 위해 만든
무덤에 살지 마십시오.
아무리 웅장하고 화려하더라도
그대의 집이 그대의 비밀을 간직하게 하지 말고,
욕망의 은신처가 되게 하지도 마십시오.
그대 안의 무한한 것이
하늘의 집에 머물기 때문입니다.
그 집의 문은 아침 안개이며,
그 집의 창은 밤의 노래와 정적입니다.

옷에 대하여

베 짜는 이가 말했다. "옷에 대하여 말씀해주십시오." 그리고 그가 대답하여 말했다.

그대의 옷은 그대의 아름다움은 덮으나
그대의 추함은 가려주지는 못합니다.
그대는 옷으로 자유를 얻으려 하지만
그 옷이 그대의 사슬이며 갑옷임을
알게 될 것입니다.
그러므로 옷차림을 가볍게 하여
그대의 살갗이 해와 바람을
좀더 많이 만나게 하는 것이 좋습니다.
생명의 숨결은 햇빛에 있고
생명의 손길은 바람에 있기 때문입니다.

그대들 중 어떤 이는 말합니다.
우리의 옷을 짠 것은 북풍이라고.
그렇습니다.
그것은 북풍이었습니다.
그의 베틀은 수줍음,
그의 실은 연약해진 힘줄.
그리고 일을 다 마쳤을 때
북풍은 숲속에서 웃었습니다.
그러나 잊지 마십시오.
수줍음이란 부정한 이가
눈을 가리는 방패에 불과하다는 것을.
부정한 이가 더 이상 없다면
수줍음은 그대 마음의 더럽힘,
족쇄가 아니면 무엇이겠습니까?
그러므로 잊지 마십시오.
대지는 그대의 맨발의 감촉을 기뻐하고,
바람은 그대 머리카락의 나부낌을 갈망하고 있음을.

사고파는 것에 대하여

  한 상인이 말했다. "사고파는 것에 대하여 말씀해주십시오."
그리고 그가 대답하여 말했다.

  대지는 그대에게
자기의 모든 열매를 아낌없이 줍니다.
그대가 어떻게 손에 넣을지만 안다면
결코 부족함이 없을 것입니다.
풍요와 만족이란 그대들이
대지의 선물을 서로 잘 교환함으로써 얻어집니다.
그러나 그것이 사랑과 호의로
공평하게 이루어지지 않는다면
그것은 사람들을 탐욕으로,
굶주림으로 이끌 뿐입니다.

바다와 들과 포도밭의 일꾼인 그대들이 시장에서
베 짜는 이, 그릇 굽는 이,
그리고 향료 모으는 이를 만나거든
대지의 신에게 간절히 기원하십시오.
그대들의 한가운데 오시어
가치를 재는 행위를 신성하게 해주십사 하고.

빈손으로 그대들의 거래에 끼려는 자,
말로써 그대들의 노동을 대신하려는 자들을
그대로 내버려두지 마십시오.
그런 자들에게 그대는 이렇게 말하십시오.
"오시오, 우리와 함께 들로 갑시다.
아니면 우리의 형제들과 함께 바다로 갑시다.
그리고 그대들의 그물을 던지시오.
대지와 바다는 우리와 마찬가지로 그대들에게도
아낌없이 줄 것입니다."

만일 그곳에 노래하는 이, 춤추는 이,
피리 부는 이가 오거든 그들의 선물 역시 사십시

오.
그들 역시 열매와 향료를 모으는 사람들이며,
그들이 가져온 것이 비록 꿈으로 이루어졌을지라도
그것이 그대들의 영혼의 옷이요
음식이기 때문입니다.

그대들이 시장을 떠나기 전에 둘러보십시오.
빈손으로 자신의 길을 가는 자가 없는지.
대지의 신은 그대들 모두가 바라는
최소한의 요구가 충족되기 전에는
결코 평화로이 잠들지 못하기 때문입니다.

죄와 벌에 대하여

그러자 도시의 재판관 중 한 사람이 앞으로 나서며 말했다. "우리들에게 죄와 벌에 대하여 말씀해주십시오." 그리고 그가 대답하여 말했다.

그대 영혼이 바람 따라 헤매일 때
그대는 홀로 방심하여
다른 이에게 죄를 저지릅니다.
이는 그대 자신에게도 죄를 짓는 것입니다.
그 죄 때문에 그대는
천국의 문 앞에서 무시당한 채
하염없이 문을 두드리며 기다려야 할 것입니다.

그대의 진실한 자아는 태양과 같습니다.

그것은 결코 더럽혀지지 않은 채 영원하며
창공처럼 날개 있는 것만을 들어 올립니다.
또한 그것은 눈먼 두더지의 길도 알지 못하며
교활한 뱀처럼 구멍을 찾지도 않습니다.
그대의 진실한 자아는
그대 존재 안에 홀로 살지 않습니다.
그대 안의 많은 것이 아직 인간일 뿐이며
또한 많은 것이 아직 인간에도 이르지 못한 채
스스로 깨어날 때를 기다리며
안개 속을 졸며 헤매는
못나고 보잘것없는 인간이기 때문입니다.
그대 안의 인간에게 내 이제 말합니다.
죄를 알고 그 죄에 대한 벌을 아는 이는
그대의 진실한 자아도,
안개 속의 못난이도 아닌
바로 그대라고.

때때로 나는 그대가
죄지은 자에 대해 말하는 것을 들었습니다.

그가 마치 그대들 중 하나가 아니라 이방인,
그대들의 세계에 뛰어든
침입자인 것처럼 말했습니다.
그러나 아무리 성스러운 이도,
아무리 의로운 이도
그대의 마음속 가장 높은 데까지
오를 수는 없습니다.
아무리 악한 자도,
아무리 약한 자도
그대 안의 가장 낮은 곳보다
더 낮게 떨어질 수는 없습니다.
단 하나의 잎사귀도
나무 전체의 말없는 이해 없이는
노랗게 물들 수 없는 것처럼,
악행을 범하는 자도
그대들 전체의 숨은 뜻 없이는
죄를 저지르지 못합니다.
그대들은 그대들의 진실한 자아를 향하여
마치 하나의 행렬처럼 앞으로 나아갑니다.

그대들이 바로 그 길이며 나그네입니다.
그대들 중 누군가가 넘어진다면
그는 뒤에 오는 자를 대신하여
넘어지는 것이니,
장애물인 돌이 있음을 경고하는 것입니다.
또 그는 그보다 앞서가는 이들을 위해
넘어진 것이니,
비록 그들이 그보다 빠르고 자신 있게 걸을지라도
아직은 장애물인 돌이 제거되지 않았기 때문입니다.

비록 이 말이
그대의 가슴을 무겁게 짓누를지라도
이것들 역시 같은 이치입니다.
살해당한 자는
자신의 죽음에 책임이 없지 않으며,
도둑맞은 자는
도둑맞게 된 데 잘못이 없지 않으며,
의로운 자는

악한 자의 행동에 대해 결백할 수 없고,
청렴한 자도
흉악한 자의 소행에 대해 깨끗할 수 없습니다.
죄인은 때로는 피해자의 희생물이며,
때로는 죄 없는 자와 결백한 자를 대신해
무거운 짐을 진 자입니다.
그대는 정의로운 사람과 정의롭지 않은 사람,
선한 사람과 악한 사람을 나눌 수 없으니
그들은 흰 실과 검은 실이 함께 짜인 천처럼
태양의 면전에 함께 서 있기 때문입니다.
검은 실이 끊어지면 베 짜는 이는
옷감 전부를 살펴보고
베틀도 검사해야 합니다.

만일 그대들 중 누가
부정한 아내를 재판하고자 한다면
그 남편의 마음도 저울에 달고
그 영혼도 자로 재도록 하십시오.
죄지은 자를 채찍질하려는 자가 있다면

그에게 죄지은 자의 정신도 살펴보게 하십시오.
그대들 중 누가 정의의 이름으로 벌하려 하고
악의 나무에 도끼를 내리치려 한다면
그에게 그 나무의 뿌리를 살펴보게 하십시오.
그리하면 진실로 그는 발견할 것입니다.
선과 악의 뿌리,
열매 맺는 것과 열매 맺지 않는 것,
그 모든 것의 뿌리가
대지의 말 없는 가슴에 함께 뒤엉켜 있음을.

그러면 그대 공정해야 할 재판관들이여,
육체적으로는 정직하나
정신적으로는 도둑인 자에게
그대들은 어떤 판결을 내리겠습니까?
육체적으로는 살인자이나
정신적으로는 살해당한 자에게
그대들은 어떤 판결을 내리겠습니까?
겉으로는 사기꾼이며 압제자이지만
그 자신 역시 억압받고 모욕당한 자를

그대들은 어떻게 기소하겠습니까?
양심의 가책이 그들이 지은 악행보다 크다면
그대들은 어떻게 벌하겠습니까?
그대들이 기꺼이 섬기는
바로 그 법에 의해 시행되는 정의가
곧 양심의 가책이 아니겠습니까?
그대들은 죄 없는 이에게
양심의 가책을 줄 수 없으며
죄지은 자의 가슴에서
그것을 없앨 수도 없습니다.
초대받지 않아도 그것은 밤이면 찾아와
사람들을 불러 깨우고
그들 자신을 응시하게 합니다.

그러므로 정의를 이해하려는 이들이여,
그대들이 충만한 빛 속에서
일체를 살펴보지 않는다면
어찌 정의를 알 수 있겠습니까?
그대들은 알게 될 것입니다.

똑바로 선 자와 쓰러진 자란
진실한 자아인 낮과
보잘것없는 자아인 밤 사이의
희미한 빛 속에 서 있는
한 사람의 인간에 불과하다는 것을.
그리고 사원의 주춧돌이
바닥에 놓인 가장 낮은 돌보다
결코 높지 않다는 것을.

법에 대하여

그러자 법률가가 말했다. "스승이시여. 그렇다면 우리의 법은 어떠합니까?" 그리고 그가 대답하여 말했다.

그대는 차곡차곡 법을 만들어 쌓기를 좋아합니다.
그러나 그것을 부수는 것은 더욱 좋아합니다.
마치 바닷가에서 열심히 모래성을 쌓고는
그것을 웃으며 부수고 노는 어린아이들처럼.
그러나 그대 모래성을 쌓는 동안
바다는 더 많은 모래를 해변으로 가져오고
그대가 그것을 부수는 동안
바다는 그대와 함께 웃습니다.
진실로 바다는 언제나
순진무구한 자와 더불어 웃습니다.

그러나 바다와 같지 않는 자,
사람이 만든 법이 모래성과 같지 않은 자에게
삶이 바위와 같은 자,
법이 그 바위에
그들 자신의 모습을 새기는 정인 자에게
법이란 무엇입니까?
춤추는 이를 질투하는 불구자에게,
자신의 멍에를 사랑하면서
숲 속에서 길을 잃고 떠도는
큰사슴과 새끼사슴을 생각하는 황소에게
법이란 무엇입니까?
자신의 허물은 벗지 못하면서
다른 모든 것은 발가벗고도 부끄러움을 모른다고
떠드는 늙은 뱀에게,
결혼잔치에 일찌감치 와서는
배 터지게 먹고 지쳐 돌아가면서
잔치도 하객들도 엉망이라고 지껄이는 자에게
법이란 무엇입니까?

내가 이런 사람들에 대해
무엇을 말할 수 있겠습니까?
그들 역시 햇빛 아래 서 있지만
태양을 등지고 있어
그들은 오직 자신의 그림자만 봅니다.
그들의 그림자가 그들의 법입니다.
그들에게 태양은
그림자를 던져주는 것 외에 무엇이며,
마찬가지로 법을 인정한다는 것은
허리를 구부리고 대지에 드리워진 자신의 그림자를
따라가는 것 외에 무엇이겠습니까?
그러나 그대 태양을 향하여 걸어가는 이여,
대지에 드리워진 어떤 영상이 그대를 붙잡겠습니까?
그대 바람을 따라 여행하는 이여,
어떤 풍향계가 그대의 길을 가리켜주겠습니까?

인간이 만든 감옥 문이 아니라

그대 자신의 멍에를 부술 수 있다면
그 어떤 인간의 법이 그대를 묶을 수 있겠습니까?
인간이 만든 쇠사슬에 걸려 넘어지지 않고
춤출 수 있다면
그 어떤 법이 그대를 두렵게 하겠습니까?
만일 그대가 그대의 옷을 찢어
인간의 길에 버리지 않았다면
그 누가 그대를 심판할 수 있겠습니까?

오팔리제 사람들이여,
그대들이 북소리를 작게 하고
류트의 줄을 느슨하게 할 수는 있어도
누가 종달새에게
노래하지 말라고 명령할 수 있겠습니까?

자유에 대하여

한 웅변가가 말했다. "저희에게 자유에 대하여 말씀해주소서." 그리고 그가 대답하여 말했다.

성문 앞에서
그리고 그대 난롯가에서
나는 그대들이 엎드려
그대 자신의 자유를 기원하는 것을 보았습니다.
이것은 마치 노예들이
폭군 앞에서 스스로를 비하하여
살해당할지라도 그를 찬양하는 것과 같습니다.
사원의 숲속에서, 성채의 그늘 속에서
나는 보았습니다.
그대들 중에서 가장 자유로운 자가
그의 자유를 멍에와 수갑처럼 둘러쓰고 있는 것을.

그러자 내 심장은
내 안에서 피 흘렸습니다.
자유를 찾는 갈망에 마구를 채울 때
자유가 하나의 목적이며 수행이라고
말하기를 그칠 때
그대들은 진실로 자유로울 수 있습니다.

그대 낮에 근심이 없고
그대 밤에 갈망도 슬픔도 없을 때
그대는 진정 자유로울 것입니다.
그것들이 그대의 삶을 옭아매려 해도
그것들을 벗어버리고 해방되어 초월할 때에만
그대는 진정 자유로울 것입니다.
그대 예지의 새벽에
그대 한낮을 묶은 사슬을 끊지 않는다면
어떻게 그대 낮과 밤을 넘어 초월할 수 있겠습니까?
그대가 자유라 부르는 것은
이 사슬 중에서도 가장 강한 것입니다.

비록 그것이 햇빛에 반짝거리며
그대의 눈을 현혹할지라도.
그대가 자유롭고자 버리려는 것은
그대 자신의 파편 이외에 무엇이겠습니까?

만일 그것이 그대가 철폐하려는 부당한 법일지라도
그 법은 그대 자신의 손으로
그대 자신의 이마에 쓴 것입니다.
그대가 그대의 법전을 불사른다 해도
재판관의 이마를 씻고 바다를 퍼붓는다 해도
그것을 지울 수는 없습니다.
만일 그것이 그대가 끌어내리려는 폭군이라면
먼저 그대 속에 자리잡고 있는
그의 왕좌가 무너졌는지 살펴보십시오.
그대의 자유 속에 포악함이 없고
그대의 자긍심 속에 부끄러움이 없다면
어떻게 폭정으로 그대의 자유와 자긍심을
다스릴 수 있겠습니까?

만일 그것이 그대가 벗어버리고 싶은 근심이라면,
그 근심은 그대에게 떠맡겨진 것이 아니라
그대 스스로 선택한 것입니다.
만일 그것이 그대가 쫓아버리고 싶은 두려움이라면
그 두려움은 두려워하는 자의 손이 아니라
그대의 가슴속에 있습니다.

진실로 모든 것은 언제나 그대의 마음속에서
반쯤 뒤섞인 채 끊임없이 움직입니다.
갈망하는 것, 두려워하는 것,
싫은 것, 소중한 것,
추구하는 것, 피하고 싶은 것….
이것들은 그대의 마음속에서
마치 빛과 그림자처럼
서로 껴안은 채 움직이고 있습니다.
그림자가 사라지고 더 이상 보이지 않게 되면
남은 빛은 또 다른 빛의 그림자가 되듯이,
그대의 자유도 족쇄에서 풀려났을 때

스스로 더 큰 자유의 족쇄가 됩니다.

이성과 열정에 대하여

그러자 여사제가 다시 물었다. "저희에게 이성과 열정에 대하여 말씀해주소서." 그리고 그가 대답하여 말했다.

그대의 영혼은 때때로 전쟁터가 됩니다.
이성과 판단력이 열정과 욕망에 대항하여 싸웁니다.
내 그대 영혼의 중재자가 될 수 있다면
그대 마음속의 경쟁과 대립을 하나로 만들고
아름다운 노래로 바꾸고 싶습니다.
그러나 그대 스스로가 또한 중재자가 되지 않는다면,
아니, 그대 자신의 모든 것을 사랑하지 않는다면,
내가 어떻게 할 수 있겠습니까.

이성과 열정은 그대 항해하는 영혼의 키요 돛입니다.

만일 이 돛이나 키가 부러진다면

그대는 내던져진 채 표류하거나

바다 한가운데 그대로 멈춰 있을 수밖에 없습니다.

이성은 혼자 다스리기에는 힘이 모자라고,

버려진 열정은 스스로를 부수고 불태우는

불꽃이기 때문입니다.

그러므로 그대의 영혼으로 하여금

이성이 열정의 높이만큼 날아올라

노래하게 하십시오.

그대의 영혼으로 하여금

그대의 열정을 이성으로 향하게 하십시오.

그대의 열정이 날마다 부활하여 살아가게 하십시오.

마치 불사조가 자신의 재 속에서

다시 날아오르듯이.

그대의 판단력과 욕망을

그대의 집에 초대한 귀한 손님처럼 생각하십시오.

분명히 그대는 어느 한 손님을
다른 손님보다 더 높여서는 안 됩니다.
어느 한쪽에 더 마음을 쓰면
양쪽의 사랑과 신뢰를 모두 잃기 때문입니다.

언덕 위 하얀 포플러의 시원한 그늘에 앉아
먼 들판과 초원의 평화와 고요를 함께 할 때
그대는 마음속으로 이렇게 조용히 말하십시오.
'신께서는 이성 속에 머무르신다.'
폭풍이 몰려오고 거센 바람이 숲을 흔들고
천둥과 번개가 하늘의 장엄함을 외쳐댈 때
그대는 두려움에 떨며
마음속으로 이렇게 말하십시오.
'신께서 열정으로 움직이신다.'
그대는 신의 영역 안에서 하나의 숨결이며
신의 숲 속에서 하나의 잎새이니,
그대 또한 이성 속에 머물고
열정으로 움직이게 될 것입니다.

고통에 대하여

한 여인이 물었다. "고통에 대하여 말씀해주소서." 그리고 그가 대답하여 말했다.

고통이란
그대의 깨달음을 싸고 있는
껍질을 깨는 것입니다.
과일의 씨앗이 부서져야만 하듯이
그대 역시 고통으로 깨달아야만 합니다.
그대 삶의 나날의 기적들을
경이로써 마음에 간직할 수 있다면
그대 고통도 그대 기쁨 못지않은
경이로 보게 될 것입니다.
그대가 들판을 지나가는 계절들에

언제나 순응했듯이
그대 마음의 계절을 따르십시오.
그대는 그대 비애의 겨울까지도
조용히 지켜보아야 합니다.
그대 안의 고통 중 많은 것은
스스로 선택한 것입니다.
그것은 그대 안의 의사가
그대의 병든 자아를 치료하는 쓰디쓴 약입니다.
그대를 치료하는 그대 안의 의사를 믿고
조용하고 침착하게 그의 치료를 받으십시오.
비록 서툴고 거칠더라도 그의 손은
보이지 않는 부드러운 신의 손길로
인도되기 때문입니다.
그가 주는 잔이 비록 그대 입술을 타게 하더라도
그 잔은 신의 성스러운 눈물로 적셔진
흙으로 빚어졌기 때문입니다.

자기를 아는 것에 대하여

한 남자가 말했다. "저희에게 자기를 아는 것에 대하여 말씀해 주소서." 그리고 그가 대답하여 말했다.

그대 가슴은 말이 없지만
밤과 낮의 비밀을 알고 있습니다.
그러나 그대의 귀는 가슴이 알고 있는 것을
소리로 듣고자 갈망합니다.
생각으로 알고 있는 것을
그대는 말로써 알고자 합니다.
그대는 그대 꿈을 현실로 드러내어 확인하려 합니다.
물론 그대가 그러는 것은 당연한 일입니다.
그러나 그대 영혼의 숨겨진 샘은 반드시 솟아올라

속삭이며 바다로 흘러 들어가야만 합니다.
그대 속 무한히 깊은 곳에 있는 보물도
그대 눈앞에 드러날 것입니다.
그러나 그 미지의 보물의 무게를
저울에 달지 마십시오.
그대 앎의 깊이를 자로 재려 하지 마십시오.
자아란 측정할 수 없고
끝이 없는 바다이기 때문입니다.

'나는 진리를 발견했다'고 말하지 마십시오.
'나는 진리 하나를 알게 되었다'고 말하십시오.
'나는 영혼의 길을 발견했다'고 말하지 마십시오.
'내 길을 걸어가는 영혼을 만났다'고 말하십시오.
영혼이란 하나의 길을 걷는 것이 아니라
모든 길을 거닐기 때문입니다.
영혼이란 갈대처럼 자라는 것이 아니라
무수한 꽃잎이 달린 연꽃처럼
스스로 열리기 때문입니다.

가르치는 것에 대하여

그러자 한 교사가 말했다. "저희에게 가르치는 것에 대하여 말씀해주소서." 그리고 그가 대답하여 말했다.

어느 누구도 가르쳐줄 수 없습니다.
그대가 깨달음의 새벽에
이미 반쯤 잠들어 누워 있다는 것 외에는.
제자들에게 둘러싸여
사원의 그늘 밑을 거니는 스승이라도
그대에게 신념과 애정은 줄 수 있으나
지혜를 줄 수는 없습니다.
그가 진실로 현명하다면 그대에게
자신이 만든 지혜의 집으로
들어가도록 강요하지 않고

그대 자신의 마음의 문으로

들어가도록 인도할 것입니다.

천문학자는 그대에게

우주에 관한 그의 지식을 말해줄 수는 있어도,

그가 이해하는 바를 말해줄 수는 없습니다.

음악가는 그대에게

온 우주의 리듬으로 노래해줄 수는 있어도,

그 리듬을 식별하는 귀와

그것을 소리내는 자신의 목소리까지

줄 수는 없습니다.

수학자는 그대에게

무게와 길이의 영역에 대해서 말할 수는 있어도

그대를 그곳으로 이끌어갈 수는 없습니다.

인간의 상상력은 타인에게서

그 날개를 빌릴 수는 없기 때문입니다.

그대는 홀로 신을 깨달아야 합니다.

그대들 한 사람 한 사람은

홀로 신을 깨닫고

홀로 대지를 이해해야 합니다.

우정에 대하여

한 젊은이가 말했다. "저희에게 우정에 대하여 말씀해주소서." 그리고 그가 대답하여 말했다.

그대의 친구란
그대의 부족함을 채워주는 존재입니다.
사랑으로 씨를 뿌려
감사의 마음으로 수확하는
그대의 들판입니다.
친구란 그대의 식탁이며 아늑한 집입니다.
그대가 굶주린 채 그에게로 와서
평화를 구하는 것은 그 때문입니다.

그대의 친구가 자신의 속마음을 털어놓을 때

그대의 마음이 시키는 대로
부정하는 것도 두려워 말고,
긍정하는 것도 꺼리지 마십시오.
그가 말이 없을 때에도
그대의 가슴은 그의 마음의 소리를 들으십시오.
우정 속에서는 말이 없어도
모든 생각, 모든 욕망, 모든 기대가
인정받는 기쁨과 더불어 태어나고
나누어지기 때문입니다.

그대의 친구와 헤어질 때에도 슬퍼하지 마십시오.
그대가 친구에게서 가장 사랑한 점들이
그가 없을 때 더욱 선명히 드러나기 때문입니다.
산을 오를 때가 아니라 평원에서 바라볼 때
산이 더 선명히 보이는 것처럼.

친구와 우정을 나눌 때
서로의 영혼을 깊게 하는 것 외에
어떤 목적도 두지 마십시오.

자신의 신비를 드러내는 것 외에
다른 무엇인가를 구하는 사랑은
이미 사랑이 아니기 때문입니다.
그것은 던져진 그물에 불과하며,
거기에는 오직 무익한 것만이 걸려들 뿐입니다.
그대의 친구를 위해서 최선을 다하십시오.
그가 그대 마음의 썰물의 시기를 알고 있거든
밀물의 시기 또한 알게 하십시오.
다만 같이 시간을 허비할 친구를 찾는다면
그런 친구가 무슨 소용이 있겠습니까?
언제나 시간을 얻기 위해서 친구를 찾으십시오.
그대의 욕구를 만족시키는 것이
그대의 공허함만을 채우는 것이 아니라
친구의 욕구도 같이 만족시키는 것이 되게 하십시오.

아름다운 우정의 향기 속에
웃음이 깃들게 하고
기쁨을 나누십시오.

하찮은 이슬 한 방울 속에서도
싱그러운 아침을 발견하고
기분이 상쾌해지듯이.

대화에 대하여

그러자 한 학자가 말했다. "대화에 대하여 말씀해주소서." 그리고 그가 대답하여 말했다.

그대는 평화로이 생각하고 있지 않을 때
말을 시작합니다.
그대 마음이 더 이상 고독을 참을 수 없을 때
입을 엽니다.
그때의 말들은 한낱 유희요 기분전환일 뿐입니다.
그대가 떠들어댈 때 생각은 거의 사라집니다.
생각이란 하늘을 나는 한 마리 새,
언어의 우리 안에서는 날개를 펼 수 있을지라도
결코 날 수는 없기 때문입니다.

그대들 중 어떤 이는
홀로 있기가 두려워 이야기 상대를 찾습니다.
고독한 침묵은
벌거벗은 자신을 눈앞에 드러내는 것이기에
그들은 달아나고 싶은 것입니다.
그대들 중 어떤 이는
자신도 이해하지 못하는 진리에 대해
지식이나 조심성도 없이 드러내 떠듭니다.
반면 어떤 이는
자기 안에 진리를 간직하고 있으면서도
말로 표현하지 않습니다.
이와 같은 사람들의 가슴속에서
영혼은 너울거리며 침묵 속에 머뭅니다.

길거리에서나 시장에서
그대 친구를 만나거든
그대 영혼으로 하여금
그대의 입술을 움직이게 하고
그대의 혀를 이끌게 하십시오.

그대 목소리 안의 목소리로
그대 귓속의 귀에게 말하십시오.
마치 잊을 수 없는 포도주의 향기처럼
그의 영혼은
그대 마음속 진실을 간직할 것입니다.
비록 그 빛깔은 잊히고
그 잔 또한 더 이상 기억되지 않을지라도.

시간에 대하여

한 천문학자가 말했다. "스승이시여, 시간이란 무엇입니까?"
그리고 그가 대답하여 말했다.

그대는 잴 수도, 헤아릴 수도 없는
시간을 재려고 합니다.
그대의 행동을 시간과 계절에 따라 맞추고
심지어 영혼의 길마저 지시하려 합니다.
그대는 시간을 강물로 만들어
둑 위에 앉아
그 흘러가는 것을 지켜보고자 합니다.
하지만 그대 속의 영혼은
삶이 무한함을 알고 있으며,
어제란 단지 오늘의 기억이며

내일이란 오늘의 꿈이라는 것을 알고 있습니다.
그대 속에서 노래하고 명상하는 그것은
아직도 허공에 별이 뿌려지던 그 최초의 순간,
그 영역에 살고 있습니다.

그대들 가운데 누가 느끼지 못하겠습니까?
무한한 그 사랑의 힘을.
누가 아직도 느끼지 못하겠습니까?
비록 끝이 없더라도 존재의 핵심에 둘러싸여
이 사랑의 생각에서 저 사랑의 생각으로,
하나의 사랑의 행위에서 다른 사랑의 행위로
움직이지 않는 바로 그 사랑을.

사랑이 그렇듯
시간도 무한하며 결코 나누어지지 않습니다.
그대의 생각으로 계절에 맞추어
시간을 재야 한다면,
각 계절로 하여금
다른 모든 계절을 둘러싸게 하십시오.

그리고 오늘로 하여금

추억으로써 과거를,

동경으로써 미래를 껴안게 하십시오.

선과 악에 대하여

도시의 한 원로가 말했다. "우리에게 선과 악에 대하여 말씀해 주소서." 그리고 그가 대답하여 말했다.

내 그대 속의
선에 대하여 말할 수는 있으나
악에 대하여 말할 수는 없습니다.
악이란 선이 스스로의 굶주림과 갈증으로
괴로워하는 것에 불과합니다.
진정 선이 굶주릴 때면
칠흑 같은 동굴에서도 먹이를 찾고,
목마를 때면
썩은 강물이라도 마실 것을 찾습니다.

자아와 한 몸일 때 그대는 선합니다.
그러나 자아와 한 몸이 아니더라도
악한 것은 아닙니다.
떨어진 집이라 해도
단지 외롭게 동떨어져 있을 뿐
도둑의 소굴은 아니기 때문입니다.
키 없는 배는 위험한 섬 사이를 정처 없이 떠돌지만
아주 가라앉지는 않기 때문입니다.

스스로 베풀려고 할 때 그대는 선합니다.
하지만 자기 이익만을 탐할지라도
악한 것은 아닙니다.
그대가 자신의 이익만을 탐할지라도
그대는 다만 대지에 엉켜 붙어 그 젖가슴을 빠는
뿌리에 불과하기 때문입니다.
열매가 뿌리에게 이렇게 말할 수는 없습니다.
"나를 닮아라.
무르익고 가득 넘쳐 그대의 풍요를 주어라."

열매는 항상 주어야 하고,
뿌리는 항상 받아야 하기 때문입니다.

정신을 똑바로 차리고 말할 때 그대는 선합니다.
그러나 그대의 혀가 목적 없이 비틀거리며
잠들어 있을 때에도 악한 것은 아닙니다.
더듬거리는 말일지라도
그대의 허약한 혀를
튼튼하게 할지 모르기 때문입니다.

목적지를 향해 확고한 걸음으로 걸어갈 때
그대는 선합니다.
그러나 절름거리며 저쪽으로 가더라도
악한 것은 아닙니다.
절름거린다 해서 뒤로 가는 것은 아니기 때문입니다.
강하고 재빠른 이들이여,
그대들은 그것이 친절한 행동이라 생각하며
절름발이 앞에서 절름거리지 않습니까?

그대는 무수히 많은 갈림길에서 선하고
비록 선하지 않을 때에도
악한 것은 아닙니다.
다만 빈둥거리며 게으른 것일 뿐입니다.
수사슴이 거북이에게 빨리 달리는 법을
가르칠 수 없음이 애석할 뿐입니다.

커다란 자아를 향한 그대의 갈망
바로 그것이 선입니다.
그 갈망은 그대 모두의 마음속에 있습니다.
어떤 이에게 그것은
숲의 노래와 언덕의 비밀을 이끌어
바다로 달려가는 급류입니다.
어떤 이에게 그것은 바다에 이르기도 전
굽이굽이에서 스스로를 잃고 배회하는 강물입니다.
그러나 열렬히 갈망하는 이라도
갈망하는 것이 없는 이에게
이렇게 말해서는 안 됩니다.

"그대는 왜 그리 느리고 머뭇거리기만 하는가."
진정한 선은 벌거벗은 이에게
"그대의 옷은 어디에 있는가?"라고 묻지 않으며
집 없는 이에게
"그대의 집은 어떻게 되었는가?"라고
묻지 않는 것이기 때문입니다.

기도에 대하여

그러자 한 여사제가 말했다. "저희에게 기도에 대하여 말씀해 주십시오." 그리고 그가 대답하여 말했다.

그대는 괴롭거나
무엇인가를 바랄 때에만 기도합니다.
그대가 기쁨으로 충만할 때나 풍요로운 날에도
또한 기도하여야 합니다.
기도란 생명의 기운 속에
그대 자신을 활짝 펼치는 것 외에 무엇이겠습니까?
만일 기도가 그대의 안락을 위해
그대의 어둠을 허공에 쏟아붓는 것이라면,
이것은 그대의 기쁨을 위해

그대 가슴속 새벽빛을
밖으로 쏟아내 버리는 것입니다.

그대의 영혼이 기도하도록 부를 때
그대가 울지 않을 수 없다면,
기도는 그대를 격려할 것입니다.
그대가 웃음을 되찾을 때까지.

그대는 그대가 기도하는 바로 그 시간에
기도하고 있는 이들을 만나기 위해 일어서십시오.
그대가 보이지 않는 그 사원으로 방문하는 것이
법열과 감미로운 영적 교감 외에
아무것도 아니게 하십시오.
그대가 깨달음을 얻고자 사원에 들어간다 해도
그대는 아무것도 받지 못할 것이며,
그대가 자신을 낮추기 위해 그곳에 들어간다 해도
그대는 높아지지 않을 것입니다.
그대가 다른 이의 행복을 기원하러
그곳에 들어간다 해도

그대의 기도는 응답받지 못할 것입니다.
그대가 보이지 않는 사원으로 들어가는 것,
그것만으로 충분합니다.

나는 그대에게 가르칠 수 없습니다.
말로써 어떻게 기도해야 하는지.
신은 그분 스스로 그대 입술을 통해 말씀하실 뿐
그대들의 말은 듣지 않기 때문입니다.
나는 그대에게 가르칠 수 없습니다.
바다와 숲과 산의 기도를.
그러나 산과 숲과 바다에서 태어난 그대들은
가슴속에서 그들의 기도를 발견할 것입니다.
만일 그대가 밤의 적막 속에 귀 기울인다면
고요 속에서
그들이 이렇게 말하는 것을 들을 것입니다.

"우리의 신, 날개 달린 우리의 자아여,
우리가 무엇인가 뜻을 둔다면
그것은 우리 속에 있는 당신의 뜻입니다.

우리가 무엇인가 갈망한다면
그것은 우리 속에 있는 당신의 갈망입니다.
당신의 것인 우리의 밤을
역시 당신의 것인 낮으로 바꾸는 것도
우리 속에 있는 당신의 의지입니다.
우리는 당신에게 아무것도 요구하지 않습니다.
우리 속에 욕구가 생기기 전에
당신이 아시기 때문입니다.
우리는 당신이 필요합니다.
당신은 당신 자신을 더 많이 우리에게 주심으로써
당신은 우리에게 모든 것을 주십니다."

쾌락에 대하여

그러자 일 년에 한 번씩 그 도시를 방문하는 수행자가 앞으로 나서며 말했다. "저희에게 쾌락에 대하여 말씀해주소서." 그리고 그가 대답하여 말했다.

쾌락은 자유의 노래이나,
그것이 곧 자유는 아닙니다.
쾌락은 그대 욕망이 피우는 꽃이나,
그 열매는 아닙니다.
쾌락은 정상을 향해 소리치는 심연,
그러나 그것은 정상도 심연도 아닙니다.
쾌락은 날개 달린 새를 가두는 우리,
그러나 그 우리는 사방이 막혀 있지는 않습니다.
진실로 쾌락은 자유의 노래입니다.

내 기꺼이 그대로 하여금
가슴 가득 그것을 노래하게 하겠습니다.
하지만 그 노래로
그대의 마음을 빼앗지는 않겠습니다.
젊은이들 중에 더러는 쾌락이 전부인양
그것만을 추구하여 비난과 비판을 받습니다.
하지만 나는 그들을 비난하거나 비판하지 않고
그들이 쾌락을 추구하게 놓아두겠습니다.
그들이 쾌락을 구할 때
단지 그것만을 얻게 되지는 않을 것이기에.
쾌락의 자매는 일곱이며,
그 자매 중 누구도 쾌락보다 아름답습니다.
그대는 뿌리를 캐려고 땅을 파다가
보물을 발견한 사람에 대해 듣지 못했습니까?
나이 든 이 중 더러는 쾌락을 마치
술에 취해 저지른 잘못처럼 후회로 기억합니다.
하지만 후회란 마음을 어둡게 하는 것이지
마음을 벌하는 것은 아닙니다.
그들은 그들이 즐긴 쾌락을

마치 여름날의 수확처럼
감사하는 마음으로 추억해야 합니다.
그러나 후회하는 것이 그들에게 위로가 된다면
그것으로 위로받게 하십시오.
쾌락을 추구할 만큼 젊지도 않고
그것을 회상할 만큼 늙지도 않은 사람들이 있습니다.
그들은 쾌락을 추구하거나 회상하는 것이 두려워
모든 쾌락을 멀리합니다.
자신이 영혼을 무시하거나
죄를 짓지 않도록 하기 위해서.
하지만 거기에도 그들의 쾌락은 있습니다.
그들이 비록 떨리는 손으로 뿌리를 파헤치더라도
그들은 보물을 발견할 것입니다.

그렇다면 내게 말해보십시오.
영혼에 죄를 범하는 자는 누구입니까?
나이팅게일이 밤의 적막을 해칩니까?
개똥벌레가 별을 어지럽힙니까?

그대의 불꽃이, 그대의 연기가
바람에 부담을 줄 수 있습니까?
그대 생각해보십시오.
그대의 영혼이
막대기로 휘저을 수 있는
잔잔한 연못입니까?
때때로 그대는 스스로 쾌락을 거부하면서도
그대 존재의 깊은 곳에 욕망을 비축합니다.
누가 알겠습니까?
오늘을 잊어버린 것처럼 보이는 것이
내일을 기다리고 있을지.
그대의 육체마저도 그것을 물려받음을
자신의 당연한 요구를 알고 있으며,
결코 속일 수 없습니다.
그대의 육체는 그대 영혼의 하프이니,
그것이 감미로운 음악을 연주할지,
어지러운 소리를 낼지는
그대에게 달렸습니다.

지금 그대는 마음속으로 이렇게 묻습니다.
'어떻게 우리가 쾌락 속에서
어느 것이 선이고
어느 것이 선이 아닌지 구별할 수 있을까?'
그대의 들과 정원으로 달려가십시오.
그대는 꽃에서 꿀을 모으는 것이
벌의 쾌락임을 알게 될 것입니다.
벌에게 꿀을 주는 것 또한
꽃의 쾌락임을 알게 될 것입니다.
벌에게 꽃은 생명의 근원이며,
꽃에게 벌은 사랑의 전달자이기 때문입니다.
꽃과 벌에게 쾌락이란
서로 필요와 환희를 주고받는 것입니다.

오팔리제 사람들이여,
그대들의 쾌락도 꽃과 벌 같기를.

아름다움에 대하여

그러자 한 시인이 말했다. "저희에게 아름다움에 대하여 말씀해주소서." 그리고 그가 대답하여 말했다.

아름다움 그 자체가
그대의 길이 되고
그대의 안내자가 되지 않는다면
어디에서 아름다움을 찾을 수 있으며
어떻게 아름다움을 발견할 수 있겠습니까?
아름다움 그 자체가
그대의 말을 엮어주지 않는다면
그것에 대해 어찌 말할 수 있겠습니까?

상처받은 이와 고통 받는 이는 말합니다.

"아름다움이란
마치 자신의 축복이 조금은 부끄러운
젊은 어머니처럼
우리 사이를 거니는 친절이요 자비야."
열정적인 이는 말합니다.
"아니, 아름다움은
우리 발밑의 땅을 흔들고
우리 머리 위의 하늘을 흔드는
폭풍 같은 힘이요 공포야."
지치고 피곤한 이는 말합니다.
"아름다움이란
우리의 영혼에 말하는 부드러운 속삭임,
그림자가 두려워 떠는 희미한 빛처럼
그 목소리는 우리의 침묵을 따르지."
침착하지 못한 이는 말합니다.
"우리는 아름다움이
산속에서 외치는 소리를 들었으며
말발굽 소리, 날개 치는 소리,
사자의 으르렁거리는 소리도 들었노라."

밤이면 파수꾼은 말합니다.

"아름다움은 새벽과 더불어 동쪽에서 떠오르지."

한낮이 되면 노동자와 나그네는 말합니다.

"우리는 보았노라.

아름다움이 해질녘 창으로부터

대지에 비스듬히 기대고 있는 것을."

겨울이면 눈에 갇힌 이는 말합니다.

"아름다움은

봄과 더불어 저 언덕을 뛰어넘어 오리라."

여름의 열기 속에서 수확하는 이는 말합니다.

"우리는 아름다움이

가을 낙엽과 더불어 춤추는 걸,

그 머리카락에 눈이 쌓이는 걸 보았어."

이 모든 것이

그대가 아름다움에 대해 말해온 것입니다.

하지만 그대는 아름다움에 대해 말한 것이 아니라

그대의 충족되지 않은 욕구에 대해 말한 것입니다.

아름다움이란 욕구가 아니라 환희입니다.

그것은 목마름에 타는 입술도
앞으로 내민 빈손도 아닙니다.
그것은 불타는 가슴이며 황홀한 영혼입니다.
그것은 그대가 볼 수 있는 형상도 아니요,
그대가 들을 수 있는 노래도 아닙니다.
그것은 그대가 눈 감이도 보이는 형상이요,
그대가 귀 막아도 들리는 노래입니다.
그것은 주름진 나무껍질 속으로 흐르는 수액도,
발톱에 붙은 날개도 아닙니다.
그것은 언제나 꽃 피어 있는 정원이요,
언제나 날고 있는 천사의 무리입니다.

오팔리제 사람들이여,
아름다움이란 생명 그 자체이며
생명이 베일을 벗고
자신의 성스러운 얼굴을 드러내는 것입니다.
그러나 그대는 생명이며
또한 베일입니다.
아름다움은 거울 속을 응시하는 영원입니다.

그러나 그대는 영원이며
또한 거울입니다.

종교에 대하여

늙은 사제가 말했다. "저희에게 종교에 대하여 말씀해주소서." 그리고 그가 대답하여 말했다.

내가 오늘 말한 것이
그것 말고 무엇이겠습니까?
모든 행동과 생각이 종교가 아니겠습니까?
돌을 깨고 베틀을 손질하는 동안에도
영혼에서 항상 솟아나는 놀라움과 경이가 없다면
그 행동과 생각은 아무것도 아닌 것입니다.
그 누가 믿음과 행동을, 신념과 직업을
구분할 수 있겠습니까?
그 누가 자신의 시간을 펼쳐놓으며
이렇게 말하겠습니까?

'이것은 신을 위한 시간,
이것은 나 자신을 위한 시간,
이것은 내 영혼을 위한 시간,
또 이것은 내 육신을 위한 시간….'
그대의 모든 시간은
자아에서 자아로 공중을 나는 날개입니다.
가장 좋은 옷으로밖에
자신의 덕을 드러내지 못하는 사람은
차라리 벌거벗는 것이 낫습니다.
햇빛과 바람이 그 살갗에 구멍을 내지는 않으리니.
자신의 행동을 도덕에 의해서만 규정짓는 사람은
노래하는 새를 새장에 가두는 것과 같습니다.
가장 자유로운 노래는
창살 사이로는 나오지 않습니다.
열리자마자 닫히는 창문처럼 예배하는 사람은,
새벽에서 새벽으로 창을 여는
자기 영혼의 집을 아직 방문하지 못한 것입니다.

그대의 일상생활이

그대의 사원이요, 그대의 종교입니다.
그대 거기로 들어갈 때마다
그대의 모든 것을 가지고 가십시오.
쟁기며 풀무, 망치며 피리
즐거움을 위해서든, 필요에 의해서든
그대가 만든 모든 것을 가지고 가십시오.
공상 속에서도 그대는
그대가 이룬 것 이상 오를 수 없고
그대가 저지른 실수보다
더 낮게 떨어질 수 없습니다.
그러므로 모든 사람과 더불어 가십시오.
찬미 속에서도 그대는
그들이 가진 희망보다
더 높이 날 수 없고
그들이 가진 절망보다
그대 자신을 더 낮출 수 없습니다.

그대는 신을 알기 위해
수수께끼를 풀려 하지 마십시오.

차라리 그대 주위를 돌아보십시오.
그대의 어린아이들과 놀고 있는
그를 보게 될 것입니다.
그리고 하늘을 바라보십시오.
구름 속을 거니는 그분을 볼 것이며,
번개로 팔을 뻗으시며 비를 내리시는
그분을 볼 것입니다.
꽃들 사이에서 웃고 계신 그분을 볼 것이며,
나무들 사이로 손을 흔드시는 그분을 볼 것입니다.

죽음에 대하여

그러자 알미트라가 말했다. "이제 저희는 죽음에 대하여 묻고자 합니다." 그리고 그가 대답하여 말했다.

그대는 죽음의 비밀을 알고 싶어 합니다.
하지만 생의 한가운데에서 찾지 않는다면
어찌 죽음을 발견할 수 있겠습니까.
밤의 영역만 볼 수 있는 눈을 가진 올빼미는
낮에는 눈이 멀어 빛의 신비를 밝힐 수 없습니다.
만일 그대가 진실로 죽음의 영혼을 볼 수 있다면,
생명을 향해 그대의 마음을 활짝 여십시오.
강과 바다가 하나인 것처럼
생명과 죽음도 하나이기 때문입니다.
그대의 희망과 욕망의 심연에

저 세상의 말없는 깨달음이 누워 있습니다.
마치 눈 밑에서 꿈꾸는 씨앗처럼
그대의 마음은 봄을 꿈꿉니다.
꿈을 믿으십시오.
그 안에 영원으로 향하는 문이 숨겨져 있습니다.

그대의 죽음에 대한 두려움은
영광스런 왕의 손길 앞에 선
양치기의 떨림과 같은 것입니다.
왕의 은총을 입게 되었으니
그 양치기는 떨면서도
속으로는 기뻐하지 않겠습니까?
하지만 그는 자신의 떨림에
더욱 신경이 쓰이지 않겠습니까?

죽는다는 것,
그것은 바람 속에 알몸으로 서서
태양 속으로 사라지는 것 외에 무엇이겠습니까?
숨을 거둔다는 것,

그것은 끓임 없는 조수의 물결에서 벗어나
숨이 자유로워지는 것,
날아오르고 퍼져서 아무런 장애 없이
신을 찾아가는 것 외에 무엇이겠습니까?

그대 침묵의 강물을 마실 때
그대 진실로 노래하게 될 것입니다.
그대 산꼭대기에 이르렀을 때
그대 비로소 오르기 시작할 것입니다.
대지가 그대 손발을 요구할 때
그때에야 그대 진실로 춤추게 될 것입니다.

작별

이제 저녁이 되었다. 여자 예언자인 알미트라가 말했다. "축복 받으소서. 오늘과 여기 그리고 지금까지 말씀하신 당신의 영혼이여."

그러자 그가 대답했다. "말하는 자가 나였던가? 나 역시 듣는 자가 아니었던가?"

그가 사원의 계단을 내려가자 모든 사람들이 그를 따라갔다. 그리고 그는 배에 이르러 갑판 위에 올라섰다. 그리고 사람들을 바라보며 다시 소리 높여 이렇게 말했다.

오팔리제 사람들이여,
바람이 나에게 그대들과 작별하라고 재촉합니다.
내가 바람보다 서두르지는 않지만
이제 나는 가야만 합니다.
우리 방랑자들은 언제나 외로운 길을 찾아 떠나고

하루를 마친 그곳에서

다시 새로운 날을 맞이하지는 않으니,

저녁노을이 우리를 떠나보낸 자리에서

아침노을이 우리를 발견할 수는 없습니다.

대지가 잠들어 있는 동안에도 우리는 가야만 합니다.

우리는 결코 죽지 않는 나무의 씨앗이니,

우리가 무르익고 충만해지면

바람에 몸을 맡겨 이리저리 흩어집니다.

내 그대들과 함께 보낸 날들은 너무도 짧았고

내가 한 말은 더욱 짧았습니다.

그러나 내 목소리가 그대들의 귓가에서 희미해지고,

내 사랑이 그대들의 기억 속에서 지워지면

그때 나는 다시 돌아올 것입니다.

그리고 더 풍요로운 가슴과 입술로 영혼에 순종하며

나는 말할 것입니다.

그래, 때가 되면 내 다시 돌아오리라고.
비록 죽음이 나를 숨기고,
더 거대한 침묵이 나를 에워싸더라도,
나는 또 다시 그대들을 깨닫게 하기 위해
올 것입니다.
그리고 결코 헛되이 노력하지 않을 것입니다.
내 말에 조금이라도 진리가 있다면,
그 진리는 더 분명한 목소리로
그대들의 생각에 더 가까운 말로
스스로를 드러낼 것입니다.

오팔리제 사람들이여, 나는 바람과 함께 갑니다.
하지만 내가 허무로 추락하는 것은 아닙니다.
오늘 그대들의 욕구와 나의 사랑이
채워지지 않았다면
또 다른 날을 기약합시다.
인간의 욕구는 변하지만,
사랑과 그 사랑이 충족시켜야 할
인간의 욕망은 변하지 않습니다.

그러므로 알고 계십시오.
더 거대한 침묵으로부터 내가 돌아오리라는 것을.
들판에 이슬을 남기며 새벽을 떠도는 안개는
다시 솟아올라 구름을 모아 비로 내립니다.
지금까지 나 또한 안개와 다르지 않았습니다.
밤의 적막 속에서 나는 그대들의 거리를 거닐었고,
내 영혼은 그대들의 집을 찾아갔습니다.
그대들의 심장 고동은 내 가슴속에서 울렸고,
그대들의 숨결은 내 얼굴을 스쳤으며
그리하여 나는 그대들의 모든 것을 알게 되었습니다.
그렇습니다. 나는 그대들의 기쁨,
그대들의 고통을 알았습니다.
그대들 잠 속의 꿈은 바로 나의 꿈이었습니다.
때때로 나는 산 속 호수처럼
그대들 사이에 있었습니다.
나는 그대들 속에서
그대들 봉우리의 모습을 비추었고
비탈진 기슭과 심지어

그대들을 스치는 생각과 욕망의 덩어리까지
비추었습니다.
그러면 나의 침묵을 향해
그대 아이들의 웃음소리가 시냇물처럼 밀려왔고
젊은이들의 갈망도 강물처럼 밀려왔습니다.
그것들이 나의 심연에 이르렀을 때에도
시냇물과 강물은 결코 노래를 그치지 않았습니다.

그러나 웃음소리보다 달콤하게,
갈망보다 더 위대하게
언제나 나를 찾아온 것이 있으니,
그것은 그대들 속 무한한 존재입니다.
한없이 큰 그분 속에서
그대들은 하나의 세포, 힘줄에 불과합니다.
그분의 노래 속에서
그대들의 모든 노래는
소리 없는 고동에 불과합니다.
한없이 큰 그분으로 인하여
그대들 역시 거대해지고

그분을 봄으로써 나도 그대들을 보았고
그대들을 사랑하게 되었습니다.
그분이 아니라면 어떻게 머나먼,
저 광대한 하늘에도 없는
사랑에 이를 수 있겠습니까?
어떤 환상, 어떤 희망, 어떤 추측으로
저 사랑을 더 높이 날아오르게 할 수 있겠습니까?
꽃으로 덮인 거대한 떡갈나무와도 같이
그대들 속에 한없이 큰 그분이 계십니다.
그분의 힘이 그대들을 대지에 묶고
그분의 향기가 그대들을 하늘로 들어올리니,
그분의 영원 속에서
그대들은 결코 죽지 않을 것입니다.
그대들은 일찍이 들었을 것입니다.
그대들이 쇠사슬의 고리 중 가장 약한 고리처럼
연약한 존재라고.
하지만 이것은 절반만 진실입니다.
그대들은 또한
그 쇠사슬 중에서 가장 강한 고리처럼

굳세기도 합니다.
지극히 사소한 행위로 스스로를 평가하는 것은
덧없는 거품으로
대양의 힘을 판단하려는 것과 같습니다.
그대들의 실패로 그대들을 심판하려는 것은
계절이 바뀐다고 해서
계절을 책망하는 것과 같습니다.

그대들은 대양과도 같습니다.
비록 크고 무거운 배가
그대들의 해안에서 조수를 기다리고 있을지라도
그대들이 그 조수를 재촉할 수는 없습니다.
그대들은 또한 계절과도 같습니다.
비록 그대들의 겨울이 그대들의 봄을 거부할지라도,
봄은 그대들 속에 누워 나른한 미소 지을 뿐
성내지 않습니다.
그러나 내가 이렇게 말했다고
"그는 우리를 찬미했네.

그는 우리의 선한 모습만을 보았네"라고
생각하지는 마십시오.
나는 단지 그대들 자신이
생각함으로써 깨닫고 있는 것을
말로 표현한 것뿐입니다.
그런데 말의 깨달음이란 무엇입니까?
말 없는 깨달음의 그림자에 불과합니다.
그대들의 생각과 나의 말은
우리의 지난날이 기록된,
봉인된 기억의 파도입니다.
대지가 우리를 모르고
자기 자신도 모르던 태고의 기록,
혼돈으로 어지럽던 대지의 밤이 기록된
기억의 파도입니다.

현명한 이들은 그대들에게 지혜를 주고자 옵니다.

그러나 나는 그대들에게서 지혜를 얻고자 왔습니다.

그러나 나는 지혜보다 더 위대한 것을 발견했습니다.

그것은 그대들 속에서
언제나 스스로 모여 더욱 더 불타오르는 영혼입니다.
하지만 그대들은 퍼져가는 불꽃에는 관심이 없고,
시들어 가는 날들만 슬퍼하고 있습니다.
육체 속에서만 살고자 하는 삶에게
죽음은 두려운 것.
하지만 여기에 무덤은 없습니다.
이 산과 들은 요람이며 디딤돌입니다.
그대들의 조상이 누워 있는
이 땅을 지날 때마다 유심히 보십시오.
그러면 그대는 그대 자신이,
그대의 아이들이
손에 손을 잡고 춤추는 것을 보게 될 것입니다.

그대들은 종종
진실로 이해하지 못하면서도 즐거워합니다.
다른 이들도 그대들의 믿음에
황금빛 약속을 기약하기 위해 그대들에게 왔지만,

그대들은 그들에게

부와 권력과 영광만을 주었습니다.

나 그대들에게 보잘것없는 약속 하나 주지 못했으나,

그럼에도 그대들은 내게 더욱 관대했습니다.

그대들은 내게

더 깊은 삶에 대한 갈망을 주었습니다.

진실로 인간에게

자신의 모든 목표를 타오르는 입술로 만들고

자신의 삶 전체를 솟아오르는 샘으로 바꾸는 것보다

더 큰 선물은 없습니다.

그 속에 나의 영광과 나의 보상이 들어 있습니다.

내가 샘물을 마실 때마다

언제나 샘물 자신도 목말라 하고 있음을 보았습니다.

그리하여 내가 샘물을 마시는 동안

샘물 또한 나를 마십니다.

그대들 중 어떤 이는 내가 자존심이 강하여
선물 받는 것을 부끄러워한다고 생각합니다.
보수를 받는 것에 대해서는 정말 자존심이 강하지만
선물에 대해서는 그렇지 않습니다.
그대들이 나를 그대들의 식탁에 초대했을 때
나는 들에서 딸기를 따먹었고,
그대들이 내게 기꺼이 잠자리를 주고자 할 때
나는 사원의 문간에서 잤어도,
내 항상 달콤한 음식을 먹고
꿈꾸며 잠들 수 있었던 것은
그대들이 잊지 않고
사랑하였기 때문이 아니겠습니까?

그러므로 내 그대들을 무한히 축복합니다.
그대들은 무수히 베풀면서도
자기가 무엇을 베풀었는지 모릅니다.
진실로 거울 속으로
자기만을 바라보며 행하는 친절이란

무익한 것입니다.
또 스스로를 찬양하기 위한 선행은

재앙의 근원입니다.

그대들 중 어떤 이는 나를 초연하다고
자신만의 고독에 취해 있다고 말합니다.
그리고 그대들은 이렇게 말합니다.
"그는 숲의 나무들과는 속삭여도
사람들과는 속삭이지 않아.
그는 산꼭대기에 홀로 앉아
우리 도시를 내려다 볼 뿐이야."
내가 산을 오르고
먼 곳을 돌아다녔던 것은 사실입니다.
그렇게 높이, 그렇게 멀리가 아니었다면
내 어떻게 그대들을 볼 수 있었겠습니까?
사람이 멀리 있지 않고서
어떻게 진실로 가까워질 수 있겠습니까?

그대들 중 어떤 이는 나에게 이렇게 말합니다.
"낯선 이여, 낯선 이여,
닿을 수 없는 곳에 계신 사랑하는 이여.
왜 그대는 독수리만이 둥지를 트는
산꼭대기에 사십니까?
왜 그대는 얻을 수 없는 것을 얻으려 합니까?
어떤 폭풍을 그대의 그물로 잡으려 합니까?
어떤 덧없는 새를 하늘에서 잡으려 합니까?
오셔서 우리와 같이 삽시다.
내려오셔서 우리의 빵으로 당신의 배고픔을 달래고
우리의 포도주로 당신의 갈증을 가시게 하소서."
그들은 영혼의 고독함으로 인해 이렇게 말합니다.
하지만 그들의 고독이 더 깊어진다면
그들은 내가 바로 그대들의 기쁨과 슬픔의 비밀을
찾고 있었음을 알게 될 것입니다.
그리고 오직 내가 하늘을 거니는
그대들의 더 큰 자아를
찾아 헤맸음을 알게 될 것입니다.

하지만 사냥꾼 또한 사냥을 당하는 자이니,
내 활을 떠난 무수한 화살들이
결국 내 가슴을 맞춥니다.
날아가는 자는 동시에 기어가는 자이니,
내 날개가 태양 속에 펼쳐졌을 때
대지에 비친 그 그림자는 거북의 모습입니다.
나를 믿는 자는 나를 의심하는 자이니,
때때로 나는 자신의 상처에 손가락을 찔러대며
그대들보다 더 큰 믿음과
더 큰 지혜를 얻으려 했기 때문입니다.
내 이 믿음과 깨달음으로 말하노니,
그대는 육체 속에 갇힌 것도 아니며
집이나 들에 갇힌 것도 아닙니다.
그대는 산 위에 살며 바람 따라 헤매입니다.
따뜻함을 찾아
햇빛 속을 기어다니거나
안전한 곳을 찾아
어둠 속에 구멍을 파는 것이 아니라
다만 자유로운 것,

대지를 감싸고 하늘을 흐르는 하나의 영혼입니다.

비록 이 말들이 애매하다 할지라도
분명하게 밝히려고 애쓰지 마십시오.
애매함과 종잡을 수 없음은
만물의 끝이 아닌 시작입니다.
그대들 언제나 시작으로서 나를 기억해주십시오.
삶, 그리고 살아 있는 모든 존재는
결정체가 아니라 안개 속에서 잉태되는 것입니다.
그러나 누가 알겠습니까?
결정체란 것도
다만 사라지는 안개에 불과하다는 것을.

그대들 나를 기억할 때면 이것도 기억해주십시오.
그대들 속 가장 연약한 부분이
실은 가장 튼튼하고 굳센 것입니다.
그대들의 **뼈**대를 바로 세우고 단단히 하는 것은
그대들의 숨결이 아닙니까?
그리고 그대들이 도시를 세우고

거기에 모든 것을 이루어놓음은
일찍이 그 누구도 상상하지 못한 꿈이 아닙니까?
그대들이 그 숨결의 흐름을 볼 수 있다면
다른 어떤 것도 보지 않을 것입니다.
그대들이 그 꿈의 속삭임을 들을 수 있다면
다른 어떤 소리도 듣지 않을 것입니다.

그대들은 보지도 못하고 듣지도 못하지만
그것은 당연한 일입니다.
그대들의 두 눈을 가린 베일은
그것을 짠 손이 벗겨줄 것입니다.
그대들의 두 귀에 가득한 흙도
그것을 처음 반죽한 손가락이 파내줄 것입니다.
그러면 그대들은 보게 되고, 듣게 될 것입니다.
그러므로 그대들은 눈멀었음을 한탄하지도 말며,
귀먹었음을 후회하지도 마십시오.
그날이 오면
그대들은 모든 존재에 깃든 목적을 알게 될 것이며,

빛을 축복하듯 어둠도 축복하게 될 것입니다.

이런 말들을 한 후 그가 주위를 둘러보자, 키잡이가 키 바퀴 옆에 서서 이제 가득 부푼 돛과 저 먼 곳을 응시하는 것이 보였다, 그가 말했다.

나의 배의 선장은 참으로 참을성이 있습니다.
바람은 불고 돛은 잠들지 못하며
키는 명령만을 기다리고 있습니다.
그럼에도 나의 배의 선장은 묵묵히
내가 침묵하기만을 기다리고 있습니다.
위대한 바다의 합창을 들어온 나의 선원들 또한
끈기 있게 내 말을 듣고 있습니다.
하지만 이제 그들은
더 이상 기다리지 못할 것입니다.
물론 나도 준비되었습니다.
강물은 바다에 도달했고,
위대한 어머니는
다시 한 번 자기의 아들을 품에 안을 것입니다.

잘 있으십시오.

그대, 오팔리제 사람들이여.

오늘은 다 지나갔습니다.

마치 수련이 내일을 위해 지듯이

오늘은 우리를 위해 저물어 갑니다.

여기서 우리가 얻은 것들을 우리는 간직할 것입니다.

만일 이로써 충분하지 않다면,

우리는 다시 베푸는 자에게

손을 내밀어야 할 것입니다.

나 그대들에게 다시 돌아올 것임을 잊지 마십시오.

오래지 않아,

나의 갈망은 먼지와 거품을 모아

또 다른 육신을 이룰 것입니다.

오래지 않아,

바람 위로 한 순간의 휴식이 오면

또 다른 여인이 나를 낳을 것입니다.

안녕, 그대들이여,

또 나와 함께 보낸 청춘이여.

우리가 꿈에서 만났던 것도 다 어제의 일이군요.

내가 고독할 때 그대들은 내게 노래 불러주었고,

나는 그대들의 갈망을 따라

하늘에 탑 하나를 세웠습니다.

그러나 이제 우리의 잠은 사라지고 꿈도 끝났으니,

이제 더 이상 새벽이 아닙니다.

한낮이 닥쳐와 우리의 선잠에서 완전히 깨어났으니,

이제 헤어지지 않으면 안 됩니다.

만약 기억의 어스름 속에서

우리 다시 한 번 더 만날 수 있다면,

우리는 다시 함께 이야기하고

그대들은 나에게 더 심오한 노래를 불러줄 것입니다.

그리고 만일 우리의 손이

또 다른 꿈속에서 만날 수 있다면,

우리는 하늘에 또 다른 탑 하나를 세울 것입니다.

이렇게 말하면서 그가 뱃사람들에게 신호를 보내자, 그들은 즉시 닻을 올리고 정박지에 묶여 있던 배를 풀어 동쪽으로 움직여 나아가기 시작했다.

그러자 마치 한 사람의 가슴속에서 터져나오는 것처럼, 사람들 사이로부터 울음소리가 터져나왔다. 그리고 그 소리는 황혼 속으로 떠올라 마치 거대한 나팔 소리처럼 바다 위로 울려 퍼져 나갔다.

그러나 단 한 사람 여자 예언자인 알미트라만이 안개 속으로 배가 사라질 때까지 지켜보면서 침묵을 지키고 있었다. 그리고 사람들이 모두 흩어져버린 뒤에도 그녀는 여전히 홀로 방파제 위에 서서 그의 말을 그녀의 가슴속에 되새기고 있었다.

"오래지 않아,

바람 위로 한 순간의 휴식이 오면,

또 다른 여인이 나를 낳을 것입니다."